年齡騷擾

「阿姨」、「大嬸」、「歐巴桑」為什麼被討厭？

「オバサン」は
なぜ嫌われるか

田中光 著　　李彥樺 譯

序言

當一個孩子走在路上，看見前面一名中年婦人的手帕掉在地上時，一定會毫不遲疑地大喊：「阿姨，妳的手帕掉了！」但相同的情況若是讓大人遇上了，恐怕不會使用「阿姨」這個字眼，而是會以「等等」、「不好意思」、「抱歉」之類的開場白來取代吧。除了對親戚中的阿姨之外，絕大部分的人在使用「阿姨」這個詞彙時多少都會感到有些彆扭。

或許有些人會認為「阿姨就是阿姨，有什麼好叫不出口的」，但是根據實際調查，四十多歲女性中有百分之六十五．三、五十多歲女性中有百分之五十四．六、六十多歲女性中有百分之四十五．六，在聽到有人稱自己為「阿姨」時會感到不自在（資料來源：蘆筍俱樂部會員問卷調查，《朝日新聞》）。

阿姨這個稱謂容易讓說者遲疑、聽者不悅的理由有幾點，其中之一就是「女人越年輕越好」的觀念已成為社會上的普遍價值觀。當然即便是男性，年齡在某些場合也會受到重視，但情況絕對不像女性這麼明顯。

向女性詢問年紀是件非常失禮的事，向男性詢問則否，光從這一點便可看出兩者的差異。反過來說，這也意味著有相當多的女性會想要隱瞞自己的年紀。

以演藝圈為例，許多女藝人並不對外公開自己的年紀，甚至謊報年紀的例子也屢見不鮮。當然這一方面也是因為女藝人基於工作上的需求，必須永遠維持年輕貌美。有時她們必須飾演年紀比自己小的角色，因此公布年紀對她們來說沒有任何好處。

但即便是一般婦女，在過了一定年齡之後，也會開始出現隱瞞年齡的傾向。在職場、社團或學校家長聚會上，當各種不同年齡的女性聚集在一起時，這些女性可能會在談話過程中主動提及自己的年齡，但絕對不會詢問其他女性的年齡。而且越是年輕的女性，往往越是將詢問年長婦女的年齡視為一種沒禮貌的行為。換句話說，女性的年齡越輕，越容易對「年齡增長」一事抱持負面觀感。

有些讀者讀到這裡，可能會反駁「正是因為對年齡毫不在意，所以才不會刻意提及或詢問他人」，但在說這種話的人之中，恐怕有一些人只是想隱瞞自己的年齡卻又嘴硬不想承認而已。

可惜到頭來，要在如今的社會上徹底隱瞞自己的年齡，幾乎是不可能的任務。不論是結婚、抽菸、喝酒或選舉，全是以年齡做為判斷資格的基準。倘若因涉及刑案或意外事故而登上媒體版面，姓名及年齡也會被公開。此外日常生活中還有各式各樣的表單、申請書必須填入年齡，想要不讓任何人知道可說是天方夜譚。持續挑戰不可能做到的事，造成的結果就是長期累積壓力。

本書中將會探討女性想要隱瞞年齡的理由，以及女性年齡所隱含的意義，並且論及藝人謊報年齡、生產年齡限制、石原都知事的「老太婆」風波、中高齡婦女的就業問題等各項議題。此外，也將檢視為何「阿姨」的含意會比「叔叔」複雜得多，又為何會有「歐巴桑都很厚臉皮」這種「刻板印象」等等。

現在的社會由於少子化及高齡化的關係，往往容易產生吹捧孩童及年輕族群而鄙視高齡者的風氣。而且過於鼓勵生育，也往往會讓沒生小孩的婦女蒙受極大的社會壓力。我由衷希望本書的出版能夠帶給世人重新審視這些社會風潮的契機。

目次

• 第三章

「老太婆」風波的來龍去脈

• 第四章

職場上的女性年齡

第六章　「歐巴桑」的社會性

第一章

為什麼女人要隱瞞年齡？

女人如花，男人如樹

首先，讓我們來看一則報紙投書。這是住在日本埼玉縣的一名六十歲男士針對「女人為何要隱瞞年齡」所提出的率直疑問：

> 不知是風氣還是原則，報章雜誌在介紹知名女性的時候，總是不寫年齡。難道公布女性的年齡是件失禮的事？難道女性應該為自己的年齡增長而感到可恥與自責？
>
> （中略）我實在無法理解為什麼只有女性必須隱瞞年齡。有句話說「越老越美麗」，我認為所有婦女都應該帶著自信公布自己的年齡。
>
> （《朝日新聞》專欄「聲」，二〇〇六年十一月十五日）

日本的報章雜誌在介紹名人的時候，原則上會公布年齡，甚至是出生年月日。如果這兩者都沒有公布，通常是基於當事人的要求。

的確，年齡增長不是件可恥的事，也不該感到自責。因為那只不過代表著出生至今的年數而已。但既然有人想要加以隱瞞，就表示這個數字被賦予了「特殊意義」。越是在意這個「特殊意義」的女性，就越會想要隱瞞年齡。

在從前那個大多數日本女性都在二十出頭就結婚的年代，過了二十五歲還沒有結婚的女性會被戲稱為「聖誕節蛋糕」，而過了三十歲還沒有結婚的婦女則會被戲稱為「除夕蕎麥麵」。這些稱呼都有著「過了特定時間就賣不出去」的「特殊意義」。相較之下，單身男人不管到了幾歲都不會被叫做「聖誕節蛋糕」或「除夕蕎麥麵」。

此外還有「女子二十始為婆」，代表女人到了二十歲就不年輕了；以及「女人十九一枝花，二十盛開二一凋」，代表女人到了二十一歲，就過了最菁華的時期，像這樣的日本俗諺可說是不勝枚舉。

即使到了現代，還是有「女人過了二十歲就是阿姨」這種說法，導致許多高中女生在十多歲年紀就開始為年齡漸增的問題感到憂慮。再加上有二十一歲的女藝人謊報年齡為二十歲的實際案例（後文詳述），在在都令人感覺到這些「俗諺」並非無病呻吟。

作家內館牧子在小說《年紀的騷擾》[1]（幻冬舍）中，曾將女人形容為「花」，而將男人形容為「樹」。這是一部探討女性年齡問題的小說，其中女主角（三十四歲）的丈夫曾說了這麼一段話：

> 女人正因為被比喻為花，才會隨著年紀而遭到疏遠，給人一種越年輕越好的印象。既然如此，該以什麼來比喻男人比較好呢？（中略）只有一種情況下，年輪能帶來正面的意義，那就是樹。隨著年齡增長，樹會變得越來越茂盛、茁壯，就算是老樹，也有一股老樹的韻味。

1《年紀的騷擾》一書的原文為「エイジハラスメント」，於二〇〇八年出版，並曾於二〇一五年改編為同名日劇。該日劇在臺灣上映時更名為《職場新女王》。

女人如花，男人如樹。因為是樹，所以皺紋也得到了「年輪」這個善意的比喻。相較之下，女人的皺紋就單純只是「蒼老」的象徵。日本人會以「梅乾」來形容老女人，卻不會用類似的字眼來形容老男人。女人的眼角皺紋永遠不會被喚做「年輪」，只會被戲稱為「烏鴉的腳印」。

明明同樣是年齡所造成的自然現象，男人與女人所獲得的評價卻是大相逕庭。因此我們可以說，在年齡這件事上，社會對男人及女人有著「雙重標準」（double standard），而且這個標準是對男人寬容而對女人嚴厲。

前文引用的報紙投書中，提到了「為什麼只有女性必須隱瞞年齡」，這個疑問正點出了這套雙重標準的存在。

該投書者聲稱不明白女人隱瞞年齡的「必要性及意義」，但女人正是因為深深明白雙重標準對自己帶來的危害，才會認為隱瞞年齡有其必要及意義。經常躍上媒體版面的藝人謊報年齡案例，其動機與理由當然也是源自於此。演藝圈對女藝人年紀的重視更勝一般社會，因此謊報或隱瞞年齡的「必要性及意義」當然也隨之增大。

藝人謊報年齡

在日本，女藝人謊報年齡的例子可說是多如牛毛。近十年來最有名的那起案例，由於當事人是正逐漸走紅的「療癒系」女星，因此在社會上受到了嚴厲批判，更有人直指她的行徑「誆騙了粉絲」。

在當事人的自白文章之中，她坦承自己少報了一歲，理由是她在還不紅的二十一歲那年曾參加一場選秀會，卻因為「二十歲以下」的年齡限制而遭到了淘汰。她聲稱自己原本以為將年齡少報一歲，就跟「模特兒故意將身高說得高一點」或是「為了配合工作性質而改變髮型」一樣，沒什麼大不了。

模特兒與明星謊報身高、體重或三圍，的確早已經見怪不怪。宣稱腰圍只有五十八公分的模特兒多得數不清，正是最好的證明。換句話說，謊報三圍沒什麼大不了，但少報一歲年齡卻會成為人人喊打的過街老鼠。

而且同樣是藝人謊報年齡，這個社會對「低齡高報」的行為卻是相當寬容。譬如明明年紀還太小，卻為了參加選秀會而多報了幾歲，這樣的行為並不會受到批判。彷彿唯有「實際年齡比粉絲心中認定的年齡還大」的情況，粉絲才會認定自己遭到了欺騙。

藝人謊報年齡所引起的騷動，大多來得快、去得也快。剛遭到揭發時會鬧得沸沸揚揚，風頭過了之後就不會有人再提起。但也有少數女藝人會在很長一段時間裡都被懷疑「謊報年齡」。

譬如某位賽車女郎出身的女藝人，打從剛出道時就遭懷疑謊報年齡。事實上在二十四歲之前，她確實一直聲稱自己是一九六七年出生，少報了兩歲。這件事遭到揭發後，社會大眾依然懷疑她「還是沒有說出實際年齡」。當時各種謠言滿天飛，有人說她是一九五五年出生，也有人說她是一九六一年出生。一九九七年時，這名女藝人參加某電視節目，當時恰逢日本的節分[2]，製作單位依照習俗讓來賓們吃

2節分指立春的前一天，依照習俗，日本人通常會在這一天吃與自己年紀相同數量的豆子。

豆子，她吃了三十七顆，謊報年齡的問題因而再度浮上檯面。到了二〇〇二年時，這名女藝人出版了裸體寫真集，當時社會大眾都認定她已經四十二歲了，這迫使她必須特地在簽書會上公開健康保險證，證明自己當時是三十六歲。

關於這名女藝人謊報年齡的一連串事件，我參考了一些週刊雜誌上的報導。這麼說或許有些失禮，但她實在稱不上有多紅。然而即使是這種沒什麼名氣的女藝人，社會大眾還是會對她的年紀如此感興趣。

另外再舉幾個例子。二〇〇七年時，某個實際年齡為二十八歲的女藝人謊稱二十三歲而遭到揭發。剛開始是某週刊雜誌指稱她的實際年齡是二十六歲，後來又有某體育報紙大肆宣揚她的年齡其實是二十八歲。

二〇〇八年三月，同一家體育報紙又大肆報導某位搞笑女藝人的實際年齡為「四十三歲」。根據該報導指出，這名搞笑女藝人的實際年齡被所屬經紀公司視為「最高機密」，一律不准外流。不論她參加任何綜藝節目，經紀公司都會「事先警告所有參加者，不准提及有關她年齡的話題」。但後來她的實際年齡還是曝了光，原因是同經紀公司的另一名男藝人在部落格上提到她時，聲稱她「出生於東京奧運那一年，雖然資歷比我淺，但比我大八歲」。

為什麼這名搞笑女藝人的年齡會是「最高機密」？這是經紀公司的決策還是她自己的要求？後來這名女藝人在電視節目上坦承，當初參加藝人訓練班的時候，報名表上所填的年齡就比實際年齡少了好幾歲。這麼做的理由，是不希望在書面審查時因年齡而遭到淘汰。事實上，這正意味著她對存在於社會上的「年齡之牆」有著深刻的體認。

後來她順利進入藝人訓練班，並在一番努力後獲得了出道的機會——那麼她為什麼不在剛出道的時候公開自己的實際年齡？正因為她是刻意隱瞞，所以在遭到揭發時才會引起如此的軒然大波。

在一篇名為〈不畏年紀的搞笑原點〉的專訪文章中，這名搞笑女藝人提到了她在剛踏進藝人訓練班時，曾面臨了周圍都是十多歲、二十多歲年輕人的窘境。

她自白道：「我的年齡幾乎是她們的兩倍，要下這樣的決定需要很大的勇氣，我的心裡充滿了恐懼與不安。」但她接著又說當時的決定是正確的：「有些人可能認為自己年紀大了，就放棄追逐夢想，認為作夢是年輕人的特權，這樣的想法實在很令人感到惋惜。只要不放棄追求，每個人在斷氣之前都擁有無限的可能性，不應該畫地自限。」

她一方面主張每個人都應該擺脫年齡的枷鎖，勇於自我挑戰，另一方面卻又隱瞞自己的年齡，這樣的矛盾讓她的話聽起來實在有些缺乏說服力。比起她說的這些話，堅持隱瞞年齡的心態才讓人不禁感慨「年齡終究是女人最大的弱點」。近年來，她的演藝路線似乎已從搞笑藝人轉型為她長期以來持續經營的戲劇演員，繼續隱瞞年齡不知對她而言有什麼好處？

種種實例看下來，有的人只是少報了一歲就遭到嚴厲譴責；有的人明明才二十八歲卻還是得謊報年齡；有的人只是「隱瞞」而非「欺騙」，卻在年齡曝光後同樣遭到媒體大肆報導。我們不得不說，日本社會實在是對年齡太敏感了。

法國媒體工作者朵拉．托賽（Dora Tauzin）在一篇名為〈年齡無關緊要！〉的隨筆中寫下了這麼一段話：「日本人真的對年齡相當敏感。（中略）就算有人跟我說『某某人的年齡跟妳一樣呢』，我也不知該說些什麼。所謂的朋友，重要的是心靈能夠契合，無關職業、學歷、頭銜或年齡。我的朋友之中，有人年紀比我大很多，有人比我小很多，但我從來不曾在意過。」

因為從來不曾在意年齡，所以沒必要特地提及。雖然表面上同樣是「不提年齡」，心態卻與日本人截然不同。日本人不提年齡，完全是因為太過在意。

‧‧少報二十七歲的六十九歲女騙徒

以下這個例子，則是一般人謊報年齡的新聞。

某個六十九歲的已婚婦女遭到逮捕，理由是她謊稱自己四十二歲且未婚，向在婚姻介紹所認識的四十九歲男性誆騙了五百萬圓。法官最後判決這名婦人有期徒刑三年十個月。

從電視上公開的照片看來，這名婦人的容貌完全符合她的年齡（當然指的是實際年齡）。遭騙的男人聽她訴說了不少坎坷的遭遇，因此滿心以為她是吃了太多苦才會看起來如此蒼老。

兩人訂婚之後，婦人便搬進了男方的家裡，與男方的雙親住在同一個屋簷下。男方的雙親完全沒有察覺媳婦的年紀跟自己差不多，實在有些匪夷所思。最後是因為婦人不斷向男人伸手要錢，引起了他的疑心，他於是到婦人上課的汽車駕訓班探聽，才揭發了這場騙局。

做出判決的法官以「大膽而巧妙的犯案手法」來形容這起案子。

真假年齡差了二十七歲確實夠大膽，但正因為太大膽了，在我看來實在稱不上巧妙。

這名婦人絲毫不在意自己的外貌與真實年齡差不多，大剌剌地把自己的年紀減了二十七歲，還與其他年輕人一起在駕訓班裡學開車。或許她只是對年齡的觀念過於「自由」，也或許這是一種看準了社會對年齡「太過拘泥」的逆向操作。不論她的心態為何，如此大膽地謊報年齡實在不禁令人佩服她的勇氣。

值得注意的是，婦人遭逮捕的理由當然不是謊報年齡，而是以結婚為藉口向男人詐取金錢。但如果最後她跟男人真的結了婚，男人以謊報年齡為由控告她詐欺的話，這個罪名確實可能成立。

日本婚姻諮詢網站「婚活.net」上針對謊報年齡的行為做出了以下呼籲：

> 從統計數據來看，「越年輕越好」確實是一般大眾的普遍想法。如果只是單純的交往，謊報年齡基本上不會造成問題。

但如果是以結婚為前提的交往，情況可就截然不同了，事態嚴重的話可能會被控告騙婚，因此請大家千萬要潔身自愛。

接著這個網站又針對「為什麼在婚姻關係上不能謊報年齡」這項疑問，做出了以下解釋：

如果是男方謊報年齡，把自己說得比實際年齡年輕，這會拉長退休前的工作期間。在持續工作不間斷的前提之下，工作期間的改變當然會影響換算後的預定收入總額。這筆錢是以年所得為計算單位，因此金額往往相當可觀。

如果是女方謊報年齡，則會面臨生育的問題。女人並非不管幾歲都能生孩子，一旦謊報了年齡，將來生兒育女的計畫當然也會跟著受到影響。

我讀到這裡不禁感到狐疑。難道一個六十九歲的婦人謊稱四十二歲，是為了強調自己還能夠生育？實際上聽說女性到婚姻介紹所報名時，如果年齡超過了三十五歲，所能匹配的擇偶條件就會大幅「惡化」，這應該也是因為大多數男性希望配偶能夠生育的關係吧。

為什麼「低方婚」特別多？

事實上，從年齡來評估男方的預定收入或女方的生育能力，這樣的立場正象徵著婚姻這套制度的本質。

但我不禁懷疑，就算經濟基礎穩定，並以養育子女為前提擇偶及結婚，也可能突然因裁員或生病而無法工作，或是生不出孩子。當遇到這樣的狀況，當初以「收入」或「年齡」做為擇偶條件而匹配成功的男女雙方，要如何調適心情？

有時我們會在報紙上看見某家限定男方職業為「醫師」的婚姻介紹所刊登的廣告。其入會資格是「男性二十五～五十歲，學歷為大學以上，職業為醫師或牙醫，有結婚打算」，及「女性二十～三十七歲，學歷為短期大學或專科以上，身心健全，有結婚打算」。

女性年齡限定在三十七歲以下，應該是為了將生育能力降低的對象排除在外。但更令人在意的是「身心健全」這項條件，代表謝絕病人與身心障礙者。我實在很難想像有一群擺明了只想與「身心健全」的女性結婚的醫師。

這則廣告上還記載了八對「成功媒合案例」，但這八對夫妻都是所謂的「低方婚」，也就是妻子的年紀比丈夫小，學歷也比丈夫低或與丈夫相等。

「低方婚」對丈夫來說有兩個優點。第一，丈夫年紀較大、學歷較高，通常會受到尊敬（雖然並非絕對，但日本社會畢竟相當重視學歷，而且也還多少保有敬老文化）。第二，女性的平均壽命原本就較長，如果妻子比丈夫年輕，丈夫過世前通常能受到妻子照護。

當然在現代的社會，以「臨終照護」做為擇偶條件的人應該不多了（後述的山本文郎是少數特例），但在從前，照顧垂死丈夫是妻子的「義務」。妻子必須比丈夫活得久，並且在丈夫臨終前照顧他，而妻子臨終則通常由「長媳」看護。

值得一提的是，二次大戰前夫妻平均年齡差距（指平均初婚年齡的男女差距）為四～四．五歲，但戰後逐漸縮短，到了二〇〇九年已縮短至一．八歲，可說意味著年齡上的「低方婚」趨勢已漸趨緩。原因之一，或許是戀愛結婚的比例在一九六〇年代後期超越了相親結婚，而且長年來持續增加。不過從近年流行的「婚活」[3]一詞亦可看出，相親結婚的比例雖然不高，但一直以來還是有不少人支持。

「低方婚」的條件除了「年齡」及「學歷」之外，還包含了「收入」及「身高」。以前述的婚姻介紹所為例，既然男方皆為醫師，收入自然不低，至於身高方面，介紹所在匹配時當然也會妥善「安排」。這家婚姻介紹所的「最大賣點」，想必就在於維護男性尊嚴，以及幫助女性找到「三高」（學歷高、收入高、身高高）的對象。

不過所謂的「三高」，其實是泡沫經濟時期的女性擇偶條件。近年來由於景氣低迷，據說年輕女性對結婚對象的要求也變得「務實」得多，已從「三高」轉變為「三低」。也就是「低姿態」（態度溫柔、誠懇）、「低依賴」（家事方面不過度依賴妻子、不束縛妻子）及「低風險」（工作穩定）。不過就算從「三高」轉變為「三低」，與「低方婚」的原則依然不相衝突。

事實上，「低方婚」對女性也有不少好處。期望丈夫的學歷、收入、社會地位或身高比自己高的女性，通常有著生涯因此得到保障（不管是自己還是未來將出生的孩子）的強烈欲望。尤其是希望成為全職主婦的女性，丈夫的高收入可說是不可或缺的條件。

既然是擁有高社會地位及高收入的男士，排除青年成功創業的少數特例，通常年紀也不小了。對於希望被保護的女性而言，丈夫的年紀比較大倒是個優點。而且若是內心存在著「年輕是女人的本錢」這類價值觀的女性，自己的年紀若比丈夫大，往往會感到自卑，必須要丈夫的年紀比自己大才會覺得安心。當然像這樣的女性，對於自身的年齡增長也容易抱持強烈不安。

從日本社會上普遍存在的「低方婚」現象，其實正可看出男女雙方的普遍價值觀。

3「婚活」一詞為「結婚活動」的簡稱，指藉由相親等方式積極獲得結婚機會，由「就活」（就職活動）一詞變化而來。

女人的年齡就像是男人的老二？

一般女性從演藝圈的謊報年齡風波可以學到一個教訓，那就是「越想要隱瞞，越容易曝光」。

著有《到東大向上野千鶴子學吵架》（筑摩書房）及《我不結婚》（講談社，中文版為時報出版）等書的女藝人遙洋子，同時也是知名的女權運動家。經常針對女性年齡問題發表意見的她，有一次得知某位女性朋友在職場上遭男同事公布年齡，因此寫了一篇名為〈女人的年齡有什麼好大驚小怪〉的隨筆，譴責這名男同事的行徑。

根據文章中的描述，那名男同事「得意洋洋、眉飛色舞」地向其他人大喊：「大家聽我說！她已經○○歲了！我可是握有證據的喔！我認識了她從前的同學！」

針對這樣的情況，遙洋子還補充說明「年齡遭公開的女性如果反應過於激烈，很可能會被貼上異常神經質的標籤，因此到頭來只能忍氣吞聲」。雖然我認為這位女性朋友其實有更加妥善的應對方式，而且我對當時在場的其他男同事的反應也相當感興趣，但這些姑且不談，總之遙洋子認為公開女性的年齡，就像公開男性的「老二長度」一樣，帶有「歧視」的意味。她寫下了這麼一段評論：

> 男人啊，要不要嘗嘗這種滋味？在早晨的辦公室裡，有人當著你的面在眾人面前大喊：「大家聽我說！他的老二只有○○公分！我可是握有證據的喔！這是他前女友跟我說的！」不僅大聲嚷嚷，還到處宣揚，在每個你會走進的辦公地點，向每個與你有所交集的人。
>
> （《上班女郎總是四面楚歌》，朝日文庫）

遙洋子在更早之前發表的隨筆〈女人的年齡，男人的年所得〉中，還曾提出以下這些論點：「為什麼女人不喜歡被人詢問年齡？因為那會讓她感覺正在被人掂斤兩」、「向女人詢問年齡，就像是向初次見面的男人詢問年所得」、「如果有一天，公司行號的櫃檯坐著的是六十歲的櫃檯小姐；每個男職員都打從心底尊敬年長的女性部長；而且到處都可以遇上能讓少女衷心期望『未來能跟她一樣』的中高齡婦女，那麼我們就能心平氣和地說出自己的年齡，而不感到噁心想吐。在那天到來之前，只要有人問我『妳幾歲』，我的回答一律會是『你的年所得是多少』」。

換句話說，遙洋子認為「年齡」是判斷女性價值的基準，就像男性的價值是以「老二長度」或「年所得」來判斷一樣。而且這樣的基準往往會造成歧視，因此根本沒有必要老實告知。

事實上，「隱匿」確實是消除歧視的慣用策略之一。美國有一項名為《就業年齡歧視法》（Age Discrimination in Employment Act，簡稱ADEA）的法律，以四十歲以上勞工為對象，規定業主不得在徵人廣告上限制年齡，也不得在各式履歷資料及面試過程中詢問年齡。因此履歷表上不需填入年齡或出生年月日，甚至不用貼照片。我們可以說，「隱匿」確實是一種消除歧視的方法。

但我在〈序言〉中亦曾提及，想要在日常生活中徹底隱瞞年齡可說是相當困難，而且會導致相當大的壓力。「任何人都不必為年齡增長感到羞愧或自責」，唯有不隱瞞年齡，才能從「被揭發」的風險中獲得解脫。當然「揭發者」肯定才是錯的一方，但沒有必要與那種人一般見識，不隱瞞年齡才是明哲保身的做法。

針對不隱瞞年齡的建議，遙洋子也曾提出以下這些主張：

「『要求女人別隱瞞年齡』本身就是一種沒有同理心的態度。」

「難道光明正大說出年齡，就能夠讓女人心中的不舒服徹底消失？」

的確，光靠坦承年齡，沒有辦法讓不舒服徹底消失。但只要自己的內心不因年齡而自卑，隱瞞的理由自然也不復存在，相信這應該能讓女性感覺輕鬆不少。

遙洋子或許認為靠「老二長度」及「年所得」能反將男人一軍，但能不能達到目的實在有待商榷，何況那只會讓男女雙方在年齡上的「雙重標準」更加僵化，對消除年齡歧視並沒有任何幫助。

第二章

男女「生育期限」大不同

藝人「老少配」

藝人的年齡引發話題，並非只有在謊報年齡遭揭發的時候。如果一對年齡懸殊的藝人結婚，兩人的年齡差距也會受到注目。

在日本因「男大女小」的「老少配」婚姻而引起熱烈討論的男藝人，較著名的有美夢成真樂團的中村正人（相差二十九歲）、三田村邦彥（相差二十六歲）、與女演員篠原涼子結婚的市村正親（相差二十四歲）、與職業高爾夫球選手東尾理子結婚的石田純一（相差二十二歲）等，其中兩人年齡差距最大的，是前TBS電視臺播報員山本文郎——他在七十三歲時與小自己三十歲的對象結婚，創下了演藝圈最高齡再婚的紀錄。

根據雜誌專訪的內容得知，這段婚姻是由女方主動求婚。山本原本遲疑不決，對女方說：「我們差了三十歲，何況我的壽命頂多只剩下十年。」女方則回答：「如果你生病或失智，我一定會盡全力照顧你。」正是這句話讓山本下定決心與她步上紅毯。當時已屆九十七歲高齡的山本母親還因為「不必擔心兒子孤獨死去」而大感欣慰。

雖然我在前文已提過，「低方婚」中的年齡差距在近年來已有逐漸縮小的趨勢，但傳統觀念上「妻子必須在丈夫臨終前負起照顧的責任」，因此對丈夫而言，妻子的年齡越小越好。當然妻子比丈夫年輕並不見得一定能比丈夫活得久，但像山本文郎這樣夫妻相差三十歲的情況，丈夫比妻子先辭世的機率可說是非常高。

至於「女大男小」的「老少配」，較有名的則是漫才師[4]內海桂子，她在六十八歲時與小二十四歲的對象結了婚。由於內海的年齡較大，因此兩人的婚姻是以丈夫在妻子臨終前照顧妻子為前提。據說當內海聽到對方向自己求婚時，問了一句：「你願意在我斷氣後，在我的嘴唇上抹水嗎？」[5]

不論男女，當自己年事已高而對方相當年輕時，大多數人心中的擔憂似乎都是「對方是否願意陪自己走完人生最後一段路」。相較之下，若結婚時夫妻雙方都很年輕或年齡差距不大，則結婚當下很少會提及關於「臨終前的看護」或「喪禮儀式」的事。

事實上，由於日本的婚姻是「男大女小」居多（外國的情況五花八門，在此姑且不提），因此大多是妻子照顧臨終的丈夫，這也造成了當原本應該照顧丈夫的妻子反而被先生照顧時，內心會感到相當「不安」。

上野千鶴子在《一個人的老後》[6]一書中的〈女人天生要當照顧的一方？〉一節，有著以下的描述：

> 聽說高齡婦女的住院時間普遍較長。關於這一點，某醫界人士曾向我解釋，就算主治醫師下了出院許可，許多高齡婦女還是會苦苦哀求院方讓她們繼續住院。因為做家事是女人的職責，

4「漫才」是日本的一種喜劇表演，類似華人文化中的相聲。

5在死者的嘴唇上抹水是日本傳統喪禮中的儀式。

6原文書名《おひとりさまの老後》（法研），中文版由時報文化出版，本書的引文內容則皆為新譯。

沒辦法善盡職責的女人在家裡可說是無立足之地。更何況就算回到家裡休養，也不會有人願意照顧她。

接著上野又轉述了社會學者立岩真也所寫的《ＡＬＳ——不會動的身體與會呼吸的機器》（醫學書院）中的內容：

ＡＬＳ（筆者註：肌肉萎縮性脊髓側索硬化症）是一種會造成全身肌肉逐漸無法動彈的不治之症，到了最嚴重的時候甚至會無法呼吸，此時病患就必須決定是否使用人工呼吸器讓自己活下去。一旦決定「要活下去」，就必須動手術切開氣管，這麼做不僅會失去說話的能力，更由於必須二十四小時裝著人工呼吸器，因此隨時都處於需要看護的狀態。根據立岩先生的調查統計，病患所做的決定有著明顯的男女差異，最後決定裝上呼吸器的病患絕大多數是男性。（中略）

大多數男人可以選擇以這種方式活下去，但能做出相同選擇的女人卻不多，這也直接造成了靠人工呼吸器存活的ＡＬＳ病患在性別上有著懸殊的男女差距。由這點看來，當一個「天生要負責照顧男人的女人」，生命也較沒有保障。

在這個「女人天生要當照顧者」的社會，妻子看護丈夫是天經地義的事，就算再怎麼盡心盡力也不會有人讚揚。反過來說，如果是丈夫照護妻子，馬上就會「傳為佳話」。

當然，「佳話」再怎麼傳也只是佳話，對當事人而言卻是攸關生計的重大問題。有些男人明明不工作就難以維持生計，卻還是願意辭去工作專心照顧妻子（或父母），最近有越來越多媒體開始關注這些家庭的生活困境。

值得一提的是，日本厚生勞働省[7]曾針對老年人遭虐待的問題進行了一項調查，根據調查結果，在照顧者（家人、親戚或同居人

7 類似臺灣的勞動部。

等）同時亦是加害者的案例之中，「兒子」所佔的比例最高（百分之四一．〇），其次是「丈夫」（百分之十七．七），再來才是「女兒」（百分之十五．二）。針對這個現象，厚生勞働省的高齡者支援部門做出了這樣的解釋：「有些人認為這是因為男性較不擅長處理家務，而且就算遇上了困境也不願意向他人求助。」（《朝日新聞》，二〇一〇年十一月二十三日）

雖然妻子照護丈夫被視為理所當然，就算再怎麼努力也得不到讚揚，但從另一方面來看，有不少妻子在丈夫死後，反而能過得比從前更自由自在。

「女大男小」婚姻與生育

漫才師內海桂子與小二十四歲的丈夫雖然在二〇〇〇年才正式結婚，但兩人已同居了超過二十年。丈夫不僅一肩扛起所有家事，而且還曾說過「如果老師走了，我也沒有活下去的意義」及「我多麼希望比老師早一步離開人世，就算只是早一小時也好」之類的話。

除了內海桂子之外，日本女大男小的「老少配」藝人，還有七十六歲時與小十六歲的市川猿之助正式結婚的已故舞蹈家藤間紫、五十六歲時與小十六歲的演員結婚的女演員長山藍子、五十一歲時與小十二歲的室內設計師結婚的女星大地真央。

演藝圈裡以分手收場的「老少配」當然也不在少數。在我的記憶之中，最受世人關注的是小柳留美子與大澄賢也離婚的消息。兩人是在一九八九年結婚，當時小柳留美子已三十六歲，大澄則是二十三歲，兩人相差了十三歲。這段「老少配」婚姻在當時受到了相當多的批判，一來結婚典禮辦得相當奢華，二來有人質疑當時還沒沒無聞的大澄只是想利用小柳博取名氣，三來當時的日本社會還沒辦法接受這種女大男小的「老少配」婚姻。

如果是「男大女小」，不論相差幾歲都依然符合「低方婚」的規則，但相差了十三歲的「女大男小老少配」，可以說是與「低方婚」完全反其道而行。

因為這場婚姻，小柳留美子的演藝事業有好一陣子陷入低潮。直到夫妻兩人在綜藝節目《青春餐桌》（朝日電視臺）中表演了一段配合得天衣無縫的舞蹈，才重新走紅，名氣扶搖直上。剛開始的時候，輿論看待這對夫妻的眼光相當刻薄，認為他們一定馬上就會離婚。但兩人結婚超過十年之後，社會大眾反倒漸漸開始接受這兩人，即便已貌合神離，但至少在工作上是相當好的搭檔。沒想到就在二〇〇〇年，兩人還是在結婚第十一年之際離了婚。

針對「為了工作所付出的犧牲」，小柳曾說出以下這段話：

……最大的犧牲是沒生孩子吧。其實我一直想要孩子。但是當時好不容易熬過了遭電視臺冷凍的日子，事業正要重新起飛，我實在說不出「想請產假」這種話。最後我決定在工作狀況恢復穩定之前，先專心投入事業。另一方面也是希望丈夫能在孩子出生前，以大澄賢也的身分打響名氣，不要老是被當成小柳留美子的丈夫。沒想到就在我決定要生孩子的那年，他突然對我說喜歡上了別的女人……

（《AERA》，二〇〇七年十月一日號）

小柳與大澄結婚時為三十六歲，在綜藝節目《青春餐桌》登場時已接近四十歲，「生育的最後期限」迫在眉睫。小柳為了大澄而遲遲不敢生育（當然這只是小柳在事後的單方面說詞），卻突然得知大澄已另結新歡，不難想像她會要求大澄「若不支付高額贍養費，就回去當沒沒無聞的伴舞」（不過亦有謠言指出這句話其實是大澄自己說的）。大澄是否再婚姑且不談，但小柳就算再婚，很可能也已無法生育了。即便她有著年輕的外貌及靠舞蹈鍛鍊出的健美肉體，還是躲不過「生育的最後期限」。

隨著醫學發展的日新月異，日本女性的平均壽命已躍升為世界第一，但生育年齡上限卻幾乎沒有變化。根據明治時期所做的調查，當時的女性平均停經年齡為四十九歲，而現代日本女性的平均停經年齡為五十一歲。也就是說，現代日本女性的平均壽命比明治時期多了四十二歲，但停經年齡卻只延後了兩歲。

當然並非只要沒停經就一定能懷孕，女人一旦過了三十五歲，懷孕機率就會開始下降。換句話說，即便男女年紀相同，有些事情男人還做得到，女人卻已是無能為力。我們甚至可以說，在年齡上影響「男女雙重標準」的最大因素，正是這個「生育期限」的問題。

代理孕母是一大福音？

我在第一章提到了一間限定男方職業為醫師的婚姻介紹所。從該婚姻介紹所刊登的廣告可明顯看出，比相親對象年紀小的女性——正確來說是年輕的女性——較受歡迎，最大的理由，就在於「順利生育的可能性」。

事實上，所有女性對這一點也都心知肚明。譬如雜誌《MORE》編輯部曾針對一千名「二十七歲的未婚職業婦女」做了一份問卷調查，發現她們普遍認為過了三十歲後就「很難找到對象」，甚至有可能「一輩子結不了婚」，因此都積極地尋找以結婚為前提的戀愛機會。而這樣的想法，也是源自於生育上的考量。

當然，有些夫妻雖然結了婚卻不想要孩子，也有一些夫妻雖然對沒有孩子感到有些遺憾，但依然相當滿足於兩人天地，因此結婚跟生育不能完全劃上等號。但只要是認定「無論如何一定要有孩子」的男人，在擇偶時就不會挑選高齡婦女。

《不受歡迎的男人——超越戀愛理論》（筑摩書房）一書的作者小谷野敦也在數年前與年齡小他二十一歲的對象結了婚。而早在結婚之前，小谷野就曾公開說過，如果要結婚，一定會選擇二十五到三十四歲的女性。他秉持的理由是：「因為我還沒有孩子。雖然我並不認為一定要有孩子，但也沒有討厭到願意打從一開始就放棄生孩子的機會。」

小谷野將擇偶的年齡上限設定為三十四歲，但他自己的年紀當時已超過四十歲，這令他在社會上受到了一些批判。只是既然女性有「生育期限」的問題，對任何想要孩子的男人來說，年齡可說是無可退讓的必要條件。在這種情況下，只要男人不是當著特定女性的面說出「妳不符合條件」這種話，或許還算是在合理的範圍之內。但以下這個例子，可就更加令人不知如何評斷了。

二〇〇八年夏天，一名居住在愛媛縣的四十多歲日本男性在印度找了一名代理孕母。代理孕母順利產下一名女嬰，但生產前這名日本男性卻與妻子離了婚。由於這樣的狀況牴觸印度法律，導致女嬰遭限制出境，因而驚動了媒體。

發生這起事件之後，日本社會再度爆發了是否應該容許代理孕母行為的爭議（第一次爭議是因女藝人向井亞紀尋找代理孕母而爆發）。但這次的事件有一點值得注意，那就是最終導致男人與妻子離婚的「那段話」。

據說這一對夫妻原本在印度嘗試做試管嬰兒，但採集妻子的卵子時卻失敗了，男人因而擅自接受了某位尼泊爾婦女所提供的卵子。妻子對此相當不滿，沒想到男人竟對她說：「如果妳只有二十五歲，IVF（筆者註：試管嬰兒）根本不會失敗。不，我們甚至不必大老遠跑到印度來。更何況等妳將來年紀大了，也需要有個孩子照顧吧。」

換句話說，男人不僅沒有安慰無法受孕的妻子，還直接了當地抱怨妻子的年紀太大，甚至掏錢委託外國女性代為生育，企圖以這樣的方式輕鬆獲得孩子。正因為現代的生殖醫療技術太過進步，才會發生這種事情。

這個男人接受尼泊爾婦女的卵子，並且委託印度婦女當代理孕母的行為，難免引發「生育行為殖民地化」的批判。

諏訪生育醫療診所（Suwa Maternity Clinic）是全日本唯一一所公開提供代理孕母技術服務的醫療機構，該診所的根津八紘醫師在提到這起事件的時候，做出了這樣的評論：「代理孕母生產必須建立在雙方家庭的信賴關係，以及對孩子的關愛及責任上。根據媒體報導，這起事件的代理孕母及卵子提供者都是基於金錢契約才提供協助，我堅決反對這樣的做法。」

值得一提的是，根津醫師從前曾提供過姊妹之間的代理孕母技術服務，但自二〇〇三年之後，就只接受代理孕母為委託女性的親生母親。由此可知代理孕母會造成種種問題，就算是親姊妹也不見得能和平解決。

所有的哺乳類動物，都有一定機率出現不孕症狀。正因為有一定機率不孕，才符合「自然」的法則。唯有人類會認為這樣的現象「不自然」，甚至企圖以醫學手段加以克服。

不管文明再發達、醫療技術再進步，受孕與生育還是得仰賴女人的身體（就算是代理孕母，也只是改由另一個女人承擔）。就這一點而言，人跟其他動物並沒有什麼不同。不孕是個極度原始的生物現象，現代人卻想藉由最先進的醫療技術克服，正是這兩者之間的矛盾，引發了種種錯綜複雜的情感糾葛。

連野田聖子也無法克服的「夫妻不同調」……

日本前郵政大臣野田聖子將自海外獲得的卵子及丈夫（生產後才正式登記）的精子所結合的受精卵移入子宮內，在二〇一一年一月，以五十歲高齡順利產子。像這樣的成功案例，想必會讓所有正在接受不孕症治療的人更加不願意放棄希望吧。姑且不論野田這項做法的是非對錯，光是這名因「生育、不孕」問題而大感苦惱的女人是位政府高官，就讓這件事具有相當大的意義。至少我們可以肯定的一點是，野田絕對不會像前厚生勞働大臣柳澤伯夫一樣，把女人比喻為「生育機器」。

野田聖子在二〇〇四年出版的《我想生孩子》（新潮社）一書中，赤裸裸地描述了她與同樣身為國會議員的前夫鶴保庸介一同接受不孕症治療的過程。根據該書的描述，野田是在四十歲時與鶴保結婚，婚後卻一直無法受孕，因而開始接受不孕症治療。然而繁忙的公務令她無法專心接受治療，雖然好不容易懷孕，但最後還是流產了。

野田在政治上積極推動「選擇性的夫妻不同姓」政策，與鶴保也一度不具有正式的夫妻關係。據說某位曾擔任過首相的自民黨議員大老曾對她說「妳就是因為老是幹這種事才沒辦法生孩子」。然而任何人都明白，夫妻不同姓與不孕症絕對沒有因果關係。野田與鶴保在二〇〇六年分手，兩人一直到最後依然沒有孩子。

打從剛開始治療不孕症時，野田的心中就有著「生育期限」的隱憂，相較之下，鶴保剛開始相當不贊成以「不自然的方法」獲得孩子。換句話說，兩人在不孕症的治療上有著「夫妻不同調」的問題。後來是鶴保向野田妥協，這項問題才逐漸消弭。

像這樣「夫妻不同調」的問題，大多源自於男人與女人對「生育期限」的危機意識並不對等，這絕對不是只有野田聖子才會遇上的問題。長年提供不孕症治療服務的京都足立醫院院長畑山博醫師，在接受以生育議題為主的媒體工作者河合蘭採訪時，發表了以下言論：

前來接受不孕症治療的病患，年紀越大越容易存在夫妻不同調的問題。女性總是會在不知不覺之中計算自己還有幾年能生孩子。譬如四十歲的女性，知道自己這輩子只剩一、兩年能夠懷孕生子，所以在治療上會表現得相當積極。相較之下，男性或多或少會覺得沒必要這麼小題大作。他們的內心深處會抱著十年、二十年之後還是有可能獲得孩子的想法。

因此在談到如何治療時，妻子可能會認為只要能生孩子，就算接受人工授精也無所謂，但丈夫或許會覺得何必這麼極端，大可以採用自然一點的方法。說著說著，夫妻就會吵起來了。

遇上這樣的情況，我總是會對丈夫這麼說：「這其實是男人與女人的天生差異。我們常把男女平等掛在嘴邊，但其實就生孩子這件事情而言，男人與女人可以說非常不平等。你太太只剩兩年左右能夠生孩子，所以才會這麼焦慮，希望你能理解她的想法。」

（《未孕——無法決定「生不生」》，日本放送出版協會）

現任埼玉縣鮫島維繫醫院（Samejima Bonding Clinic）院長的鮫島浩二醫師，曾經以不願意跟妻子一同接受不孕症治療的丈夫為對象，撰寫過《我選擇了你》（主婦之友社）一書。他在從前職場的網站上曾寫下這麼幾句話：

每當我與你的妻子以醫生與掛號病患的立場對談時，雖然你可能因為工作太忙而不克前來，但我心裡總是當成你就坐在妻子的旁邊。

請你在妻子就診當天，務必表達關心。

請你與妻子一同感受排卵日的接近，一同預做準備。

請你以開朗的態度，消除妻子因生理期接近而產生的不安。

請你對持續前來醫院就診的妻子多說一些感謝及安慰的話。

請你以堅定的立場，阻擋來自親戚、鄰居或朋友那些言語或態度上的壓力。

如果妻子的月經來了，請你以最快的速度察覺，並且買一個妻子最愛吃的蛋糕，為她舉辦一場最熱鬧的慰勞會。

（《未孕——無法決定「生不生」》）

「生育期限」有著「男人與女人的天生差異」，即便「我們常把男女平等掛在嘴邊，但其實就生孩子這件事情而言，男人與女人可以說非常不平等」。面對這樣的現實，有些人主張應該對妻子體貼一點，也有些人冷酷地對妻子說出「如果妳只有二十五歲，試管嬰兒根本不會失敗」這種話。

對女性而言，比起學歷或收入，更重要的擇偶條件應該是「不問年齡，不管生不生孩子或能不能生孩子，都願意選擇自己」的男人。

二〇一〇年一月，女藝人原千晶因癌症而切除了整個子宮。即使如此，她的丈夫還是以一句「我不能沒有妳」向她求婚了。據說當他們吵架時，丈夫最後總是會說「我們之間沒有潤滑劑，所以更應該好好相處才對」。原千晶或許失去了子宮，卻得到了最好的人生伴侶。

我必須再強調一次，如果一個男人「只願意娶三十七歲以下且身心健全的女性」，不管他從事什麼樣的職業，女人嫁給他絕對無法獲得幸福。當然我必須承認，每個人認定「幸福是什麼」的價值觀不盡相同，無法一概而論。

第三章

「老太婆」風波的來龍去脈

石原都知事的「老太婆」發言

前文提到的男大女小「老少配」例子之中，市村正親在五十九歲當上父親，因而被戲稱為「花甲爸爸」；劇作家野田秀樹與年齡小他二十五歲的女演員結婚，在五十三歲當上父親；歌手松崎茂則與年齡小了二十三歲的女性結婚，么子出生時，他已五十七歲。

但他們當爸爸時的年紀都還不是最老的。若回顧已經過世的藝人，有「世界的三船」之稱的三船敏郎，是在六十二歲時得子（當時出生的女兒三船美佳，後來也嫁給年長二十四歲的高橋喬治，成了「老少配」），演員岡田真澄在六十三歲得子，同為演員的上原謙（加山雄三的父親）則在七十歲得子。此外，在二〇一一年以八十一歲之齡過世的歌舞伎演員中村富十郎，更是在七十四歲那年添女。這些人證明了「男人不管到了幾歲都有生育能力」（當然並非所有男人）。

與年齡小三十歲的對象結婚的山本文郎，則曾說過他跟妻子不打算生小孩，理由是「雖然夫妻生活完全沒有問題，但不想背上『孩子還沒小學畢業就過世』的罪名」。他強調自己能生，只是不想生而已。當然這些例子並不代表所有男人在六、七十歲時都還能讓另一半懷孕生子，儘管如此，如今的社會依然有一種根深柢固的風氣，不僅極度重視「男人不管到了幾歲都有生育能力」的特質，而且極度藐視過了「生育期限」的婦女。

這幾句話可不是我說的，是松井孝典說的。他說「文明創造出了一種最惡質的有害之物，那就是老太婆」，還說「女人在失去生育能力後繼續活下去，不僅浪費資源而且還是種罪過」。男人即使到了八、九十歲依然擁有生育能力，但女人一旦停經就無法生孩子。他說讓這些女人一直活到金婆婆、銀婆婆[8]的年紀，對地球來說是種相當惡劣的危害……我心裡雖然有幾分同意，但身為政治家，這種話我實在說不出口（笑）。

這幾句話大概有一半是精闢見解，另外一半則是黑色幽默吧。他口中說的這個文明，可是能在一眨眼間毀滅一顆行星的喔。

（〈石原慎太郎都知事的怒吼！〉，《週刊女性》，二〇〇一年十一月六日號）

正是這段東京都知事石原慎太郎[9]的「老太婆」發言，最後演變為要求謝罪與賠償的訴訟官司。文中提到的松井孝典是東京大學榮譽教授，他真的說過「文明創造出了一種最惡質的有害之物，那就是老太婆」這種話嗎？

石原與松井曾經在電視節目上進行過一次對談，當時松井曾表示「一般哺乳類動物的雌性都會在過了生殖年齡後不久就死去，就連猴

8「金婆婆、銀婆婆」是日本相當有名的長壽雙胞胎姊妹，亦是「最長壽雙胞胎」的世界紀錄保持者，兩人分別活到一〇七歲及一〇八歲。

9石原慎太郎（一九三二〜），日本政治家，曾於一九九九年至二〇一二年間出任東京都知事（東京都行政首長），亦即本書日文版出版的二〇一一年之際仍在職。

子也不例外，但現代人類的雌性不但會一直活著，而且還在團體中肩負起重要職責」。

此外，松井在尚未與石原對談之前，曾在雜誌《中央公論》上與生物學家長谷川真理子做了一次對談。當時的主題為〈「老婆婆」的誕生〉，他在這次對談中的主張，簡單來說就是「人類（現代人類）能有今日的繁榮，全是『老婆婆』的功勞」。

針對這項主張，我在此稍做介紹：誕生於現代人類之前的尼安德塔人由於平均壽命太短，並不存在所謂的「老婆婆」，而現代人類正因為壽命夠長，出現了「老婆婆」，各種知識才能順利傳承給下一代，逐漸形成文明。除此之外，松井也提到了所謂的「祖母假說」，認為現代人類的數量能夠不斷增加，得歸功於母親在女兒即將生產時能夠以過來人的身分提供協助，拉高了孫子的生存機率。

由上述論點看來，松井、長谷川等人皆認為「老婆婆」對文明的發展有所貢獻。儘管松井確實提到過人類壽命延長、人口增加會對環境造成負擔，但從沒說過「老太婆」是文明所創造出的「最惡質的有害之物」。

對於石原都知事的這項錯誤引申，松井後來的回應是：「大概是他先入為主的觀念吧。我跟他只見過一次面，我也不曉得他為何會這麼說。」（《朝日新聞》專欄「記者席」，二〇〇七年二月二十日）

可以確定的一點是，「老太婆」發言的主要論點為「沒有生育能力的人不具存在價值」。若依照這個論調，患有不孕症的年輕人及雖然有生育能力但不生小孩的人，也都是只會造成環境負擔的有害之物。而最上等的人，則是七十四歲得子的中村富十郎，以及七十歲得子的上原謙。

如果石原都知事這麼在乎生育能力，他最推崇的應該是生了很多孩子的父母。但如果他在乎的是對環境的負擔，基於不讓人口持續增加的觀點，不生孩子的女人才是他應該推崇的對象。因此他的「老太婆」發言到底想表達什麼，實在令人不解。但有一點可以肯定，那就是他的言詞明顯流露出了社會上根深柢固的「厭姥心態」。

女人一旦停經就是「無用之物」

我在前文提到，「如今的社會依然有一種根深柢固的風氣，不僅極度重視『男人不管到了幾歲都有生育能力』的特質，而且極度藐視過了『生育期限』的婦女」。我在這裡用了「依然」這個字眼，是因為上述的觀念在從前的時代可說是大行其道。當然這並不是什麼難以想像的事，畢竟就連醫師也可以大剌剌地向世人宣告停經後的女人沒有存在價值。

不單是生育範疇，如今日本的整個醫學體系，皆源自於明治時期政府在推動近代化政策的過程中所引進的西洋醫學。在明治及大正年間，這些學習了西洋醫學的醫師持續透過《婦人衛生雜誌》（一八八八～一九二六年）這本刊物，對日本的女性進行「醫學啟蒙」。下面這篇文章刊載於距今大約一百年前，文中不僅從各種角度大談男女的優劣差異，而且也論及了生育機能的議題：

婦人月經約停於四十四、五歲，其後便無生育能力。達此歲數之婦人幾為無用之物，亦即無法為世間所用。反觀男子，四十五歲正值壯盛，尚須於世間闖蕩奔波，其生育機能亦極其強盛，至此歲始覓配偶之事例於日常時有所聞。男女雖同樣在世為人，軀體卻何其不同，實令人感慨造化不公。男子之生育能力向來極盛，但教身體健康，絕無長久不振之理，即便白髮老翁百歲得子，亦不足為奇。

（〈男女如何不同〉，《婦人衛生雜誌》，一九〇六年十二月。

原文用字及標點經筆者適當修正）

女人一旦停經就「幾為無用之物」，而男人到了相同歲數卻「正值壯盛」，這正是從「生育期限」的角度評論男女的優劣。

這篇文章原本是某知名醫師的演講稿，這位醫師面對幾乎全是女性的聽眾說出以上這番話，臺下的婦女們恐怕還聽得讚嘆不已。這一部分是因為當時醫師在社會上的地位比現在高得多，但更重要的一點是，男性在生物學觀點上優於女性，在當時是一種普遍受到認同的觀念。

其理論背景可追溯至查爾斯．達爾文（Charles Darwin）及赫伯特．史賓塞（Herbert Spencer）等進化論學者所提出的理論，主張「女人的身體存在著許多證據，證明她們跟孩童及白人以外的『低等人種』一樣，停留於較原始的進化型態」（摘自荻野美穗，《文化性別化的身體》，勁草書房）。換句話說，這套理論在當時是擁有「科學根據」的。在明治十年至三十年之間，史賓塞的著作在日本社會大量翻譯出版，當時的知識分子可說是人手一冊。

性別職責分工是明治政府推動「富國強兵」政策不可或缺的核心概念，而前述的「科學根據」正為這樣的概念提供了理論基礎。在此概念之下，女人應該把全部心思放在生產、育兒及家事上，不應過於追求學業或職業上的成就，或是談論政治。

當時發行《婦人衛生雜誌》的私立大日本婦人衛生會還經常舉辦

演講會，雖然名稱上有「私立」兩字，但主要幹部皆是女性皇族或政府高官的妻子。因此這個組織的立場在於培育「強健兵士」的母親，除了倡導「懷孕」、「生產」及「育兒」的觀念之外，當然也要再三強調男女身體的優劣差異，提倡性別職責分工。他們不時舉辦相關內容的演講，而且刊載了許多類似的文章，譬如前面引用的演講稿，題目正是〈男女如何不同〉。

在這種由國家主導的「啟蒙運動」風氣之下，男人不管幾歲都有生育能力，而女人只要月經一停就「幾為無用之物」的觀念在社會上廣泛滲透。即使到了現代，這個觀念依然相當強勢，石原都知事的「老太婆」發言正是最好的證明。當然也有可能是因為日本社會邁入少子高齡化，才讓這一套老舊觀念死灰復燃。

從離婚訴訟看雙重標準

明治時期的醫師在演講會上主張女人停經後「幾為無用之物」，也就是「無法為世間所用」，相較之下，同年紀的男人卻「正值壯盛」，因而感慨「同樣在世為人」卻「造化不公」。事實上，在五十年後的昭和時代中期，也有法官在審理離婚訴訟時抱持著相同的價值觀。

某個丈夫（判決當時為四十九歲）在結婚後不僅包養數名情婦，而且沉迷於賭博，從不拿生活費回家。妻子（判決當時為五十歲）對他徹底灰心，於是在孩子獨立後提起訴訟，要求離婚及分配財產。

根據妻子的描述，丈夫連給情婦的生活費也向她索討，害她曾經為了籌錢而賣掉衣服。不僅如此，若以現代人的眼光來看丈夫對她的各種行為，可說是相當惡劣的精神及肢體暴力。最後妻子再也無法忍受，因而離家出走，借住在哥哥家。

在這樣的狀況下，法官卻基於以下幾點理由而判決妻子敗訴。第一，丈夫已深切反省過去的不當作為，並且與情婦們徹底切斷關係。第二，丈夫擁有較高的經濟能力，妻子「與其靠著微薄收入孤單過日子，還是跟丈夫住在一起幸福得多」，但前提是妻子也「必須負起賢內助的職責」。第三，妻子本身也有缺點，如「忍耐力不足，對於與丈夫重建夫妻生活表現得不夠積極，缺乏化逆境為順境的精神，而且太過任性」。

但最值得注意的一點，是在這個案子的判決理由中，法官對於男女雙方的年齡認知有著「雙重標準」：

原告（筆者註：即妻子）年滿五十歲，已完成其身為女人的天賜使命，今後的生活不過只是餘生，難以再期待春暖花開之日。相較於此，被告（筆者註：即丈夫）年齡不過四十九歲，其前半人生雖然一帆風順，戰後卻陷入種種生活困境，就連身為妻子的原告也棄之如敝屣。此番人生歷練應能令其人格漸趨成熟，可期待未來其身為男人的真正作為。

（「離婚暨財產分配請求案」〔東京地方法院，一九五五年五月六日判決〕，綜合判例資料庫「判例體系」。原文舊制用字經筆者修正）

明明夫妻兩人年紀相近，妻子卻彷彿已時日不多，相對地，丈夫的人格才將「漸趨成熟」。妻子接下來的人生不過都是「餘生」，丈夫的未來卻能期待其「身為男人的真正作為」。

妻子的年齡（五十歲）恰好是平均停經年齡，由此可推測法官所稱的「天賜使命」，指的應該就是懷孕、生產、育兒等等。

明明是公審，判決理由卻有著如此明目張膽的「雙重標準」。而且到了五十年之後的二十一世紀，都知事竟然又說出「女人在失去生育能力後繼續活下去，不僅浪費資源而且還是種罪過」這種驚人之語。

這些現象的背後明顯存在著一種「女人必須生孩子才有存在價

值」的信念。正是這樣的信念，讓無法生育的婦女與中高齡婦女受到歧視。

作家大塚光在《不知不覺我成了「不符條件的女人」》（講談社）及《阿姨論——為阿姨爭權》（筑摩書房）等著作中，評論了女性年齡及「阿姨」一詞的相關議題。她在著作中寫下了這麼一段話：

> 而且叔叔依然擁有生育能力，過了更年期的阿姨卻沒有。阿姨就算再怎麼希望懷孕與生產，也不可能實現心願。這正是阿姨在這無道世間遭人閒言閒語的最大理由。
>
> 阿姨不但沒有受到同情與體恤，反而還遭揶揄「上了年紀」，甚至得承受「已經不是女人」或「人老珠黃」之類的風涼話。荷爾蒙的變化所引發的焦躁感，會讓阿姨遭批評為「歇斯底里」，如果偶然有了喜歡的男人，還會被譏笑是「老牛想吃嫩草」。
>
> 阿姨甚至還得承受「文明創造出了一種最惡質的有害之物，那

就是老太婆」（中略）這種毫無同理心的惡劣侮辱。

為什麼阿姨得忍受這一切？

這世上還有天理嗎？為什麼那些人沒有受到懲罰？

（《阿姨論——為阿姨爭權》，筑摩書房）

除此之外，針對那些以即將無法生育的婦女為對象的侮辱言論，大塚也以下面這段話做出回應：

為什麼那些男人無法想像？

就算是原本並不特別想要孩子的女人，在年齡接近四十歲前後的「生育期限」時，不論是心靈或身體都會開始感到焦躁。

有些女人在過了四十歲之後，才遇上讓自己願意為他生孩子的男人。就在願意生孩子的時候，卻發現自己的身體已不容易受孕，此時女人的心情該有多麼焦慮與悲傷。

「如果我能夠再年輕五歲，我就能生下他的孩子，生下自己的孩子了。」

即使每天晚上再怎麼懊悔與難過，也只能把辛酸往肚裡吞。與生俱來的好勝心與自尊心，讓女人沒辦法坦白說出這種話。

或許有些人會質問「為什麼不趁還能生孩子的時候趕緊結婚」，但我認為這是個人的自由，外人沒有資格加以干涉。婚姻這種事並不是越早越好，何況不論是早是晚，到頭來後果還是必須由自己扛起。

（《阿姨論——為阿姨爭權》，筑摩書房）

停經後的女人被視為「無法為世間所用」的「無用之物」，而年齡相仿的男人卻「正值壯盛」——像這樣的雙重標準在國策的推波助瀾下積極受到鼓吹與倡導，已是大約一百年前的事了，因此我們大可以把「老太婆」發言當成一種單純的「古板思想」，輕輕一語帶過。

事實上，「女性必須生孩子才具有存在價值」這種觀念，在雜誌《Croissant》中所描繪的新時代女性形象與「頂客族」

（DINKS，即沒有孩子的雙薪家庭）概念蔚為風潮的時代，幾乎已徹底從世上消失了。但隨著近年來少子化問題浮上檯面，社會上再度出現將女人視為「生育機器」的言論，以及「不生孩子就會變成鬼婆婆」的可怕「預言」。

「變成鬼婆婆」的真正理由

由三砂千鶴所寫的暢銷書《小姐變成老姑婆?!》[10]是一本鼓勵生育的著作，根據書中描述，其基本信念為「女人是一種擁有繁衍子孫、傳宗接代能力的生物，這亦是女人做為生物誕生的目的，倘若不善加運用這個能力，龐大的能量將無處可以發洩」。

三砂女士是一位擁有滿腔熱忱的人，光從其著作中的詞句便可窺知一二，譬如「在生命的氣勢最旺的時候結婚，還是比較明智的決定」，以及「在感受到『女人基於社會觀點的悲哀』之前，應該盡量多生一些孩子，如此一來就不必再為子宮內膜異位症或子宮纖維瘤之類的病症操心」。

10原文書名《オニババ化する女たち——女性の身体性を取り戻す》（光文社），中文版由麥田出版，本書的引文內容則皆為新譯。

若以相等於其他「生物」的角度來看待女人，生育確實是人生中的一大目標。三砂建議女人在生理風險最小的年輕時代完成這件事，並沒有什麼不對。但人類畢竟與其他「生物」有所不同。雖然每個人的價值觀不見得一樣，但我實在很懷疑只為了生育而活的人生到底有何樂趣可言。

值得一提的是，在「在生命的氣勢最旺的時候結婚，還是比較明智的決定」這一句的後面，還接了這麼一段話：「以男性的角度來看，『不管對象是誰都好，總之就是想做愛』的時期在人生之中並不算長。若能趁這個時期結婚，讓男人獲得對象，兩人好好享受魚水之歡，對身體來說是最好的狀態。如果等失去了這股氣勢才來治療不孕症，可就為時已晚了。」

此外，在「感受到『女人基於社會觀點的悲哀』之前，應該盡量多生一些孩子」這一段之前，則有這麼一段：「最好能在十八、九歲就生產，因為此時的身體最有精力。婦產科醫師也說，這個時期的身體最適合生孩子。」

我讀了這些話實在不禁擔心，未滿二十歲的少女嫁給一個「不管對象是誰都好」的男人並且生下孩子，這樣的夫妻真的有能力扶養孩子嗎？關於這一點，三砂的想法倒是相當樂觀，她認為只要政府及社會協助照顧就行了。

當然我的意思並不是主張孩子一定要由親生父母照顧，但如果夫妻在還沒有「好好扶養」的覺悟前就生下孩子，實在不是一件好事。不過這本書的宣傳文案是「讓你捧腹大笑又拍案叫絕」（由內田樹撰寫的推薦文），因此不要太認真或許才是讀這本書的正確心態。

而且該書的前言還寫著這麼幾段話：

> 日本的古老傳說中，經常出現可怕的鬼婆婆或山姥姥。例如在一些故事裡，獨居山中的姥姥會在夜裡襲擊迷失方向的小和尚。孩子們小的時候，我常拿這些古老傳說的繪本跟他們講故事，不過當看到「陶醉不已地舔著小和尚的屁股」這類詞句出現在兒童繪本中，我心中的驚嚇實在難以言喻。

在我看來，那是一些在社會上無處棲身的單身更年期婦女，只能在深山裡過獨居生活，因而成為世人眼中的鬼婆婆。有時為了發洩多餘的「精力」，她們甚至會襲擊年輕的男性。

這又是一段如果認真反駁恐怕會沒完沒了的見解。全日本最有名的鬼婆婆傳說是「安達之原的鬼婆婆」，這則故事裡的鬼婆婆自己有小孩。一九七八年榮獲產經兒童出版文化獎的《山姥姥阿雪》（濱野卓也著，箕田源二郎繪，國土社）一書中，女主角阿雪也有孩子。阿雪認真工作了一輩子，但村裡有個傳統規矩，村人只要過了六十歲就必須出遠門旅行，美其名是「西國巡禮」，說穿了是為了減少吃閒飯的人口。阿雪不肯遵守這個規矩，於是化身為山姥姥，過起守護村人的日子。

當然山姥姥、鬼婆婆都是虛構角色，做再多臆測也沒有實質意義。但比起鬼婆婆是「在社會上無處棲身的單身更年期婦女」這種假設，我認為《山姥姥阿雪》的情節更有說服力，亦即整個社會將「老婆婆」當成了「無用之物」並加以排擠，才會讓她們變成鬼婆婆、山姥姥。

日本古代是否真的存在將老人帶到山上丟棄的習俗，專家意見紛歧，但值得注意的是，「棄姥傳說」中遭拋棄的都是「姥」，也就是女性。一部分原因是女性壽命較男性長。根據二〇一〇年所做的統計，日本全國年齡超過一百歲的高齡人口約四萬四千人，其中百分之八十六．八為女性。換句話說，排擠高齡者的心態有很大一部分源自於對「老婆婆」的厭惡，亦即「厭姥心態」。

這些遭社會排擠的高齡婦女該何去何從？三砂千鶴主張女人老了之後應該當個「溫柔又可愛的老奶奶」。換句話說，女人想要在社會上不受批評，就必須趁年輕時趕緊結婚、拚命生孩子，老了之後當個溫柔又可愛的老奶奶，而且死得乾脆俐落。關於最後的「死得乾脆俐落」這一點，我將在後文提及。

第四章

職場上的女性年齡

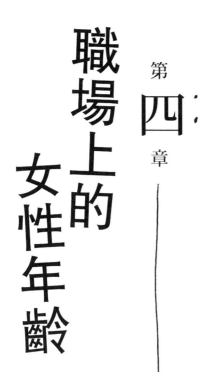

受年齡威脅的女人們

女藝人謊報年齡，是因為出道時越年輕對自己越有利。同樣的情況也能套用在一般社會。女性在投入新的職場之際，也就是求職時的年齡越低越有利，越高越不利。

在二〇〇一年至二〇〇二年之間，由上智大學教授岡本英雄及國立女性教育會館研究員大槻奈巳所率領的團隊，進行了一項名為「女性年齡歧視相關研究」的調查，以下我將參考其研究成果來審視現實狀況。這項研究針對居住在日本東京都練馬區的二十五歲至五十四歲女性進行了一場問卷調查，考察其中有效回收的一〇四三份問卷。

根據這項問卷調查的結果，「居住在大都市的一般女性」之中，約有「三成」在求職及錄取時遭遇過年齡歧視。由於問卷調查的對象並沒有限定在曾有求職經驗的女性，如果這麼限定的話比例還會更高。所謂的年齡歧視，指的是徵人啟事上明訂了年齡限制，因而使人無法應徵，或是因年齡因素而未被錄取。甚至有些女性還不到三十歲，就已經因為年齡的門檻而無法應徵某些工作。

因此接下來針對「取消錄用年齡限制對妳來說有多大的必要性」這個問題，回答「非常需要」及「略需要」的人數就佔了百分之九十以上。針對這種雇用上的年齡歧視，「覺得不合理」、「覺得無奈但沒有辦法」或「覺得理所當然」的三選一問題中，則可看出年紀越輕的受訪者對年齡歧視表現得越寬宏大量。當然，這可能意味著她們還沒有實際因年齡歧視而吃到苦頭。

耐人尋味的一點是，明明同為女性，但在二十多歲的受訪者之中，約有百分之二十認為三十五歲的婦女因年齡限制而遭淘汰是沒有辦法的事。相較之下，幾乎沒有受訪者認為三十五歲的男人應該因年齡限制而遭淘汰。

這項問題還牽扯到兩個相關的題目，分別是「是否認為女人的魅力在於『年輕』」及「是否認為男人的魅力在於『年輕』」。針對前者回答「是」及「大致算是」的比例佔全體問卷的百分之十九．九，但針對後者回答「是」及「大致算是」的比例則佔全體問卷的百分之七．八。若只鎖定三十至三十五歲的受訪者，在「是否認為女人的魅力在於『年輕』」這個問題中，回答「是」及「大致算是」的比例為百分之二十八．四，在「是否認為男人的魅力在於『年輕』」這個問題中，回答「是」及「大致算是」的比例為百分之十一．三，這兩個數字都比其他年齡層高。而我必須再次強調，受訪者全都是女性。

雖然這些數字以百分比而言都不算高，但男女差異卻頗為懸殊。而且最贊成「女人的魅力在於『年輕』」的年齡層，並非正在享受青春的二十多歲女性，而是青春年華已接近尾聲、三十歲出頭的女性，或許意味著這百分之二十八．四的女性受訪者正深刻感受到來自年齡的威脅。「女人越年輕越好」的觀念早已深植在每個人的心中，即使是女人本身也不例外。

這項「女性年齡歧視相關研究」還針對求職、轉職年齡限制的實際狀況進行了一些專訪調查。根據專訪結果，可以感受到現實中的職場存在著相當嚴苛的年齡限制。

許多受訪的女性都表示，三、四十歲的婦女要以正職員工的身分獲得錄取實在是相當困難，部分求職婦女因而將目標鎖定在年齡限制較寬鬆的外資企業。有些女性對徵人啟事上標註年齡限制感到不舒服，但也有些女性反而認為既然有年齡限制，最好是在徵人啟事上清楚註明。後者秉持的理由是，如果資方打從一開始就不打算錄用自己，大老遠前往面試實在是浪費時間。

我在此介紹一個專訪的實際案例。某位女性原本的工作是警察，結婚後依然持續任職，直到第二個孩子出生時才離職。在第三個孩子上小學的時候，已經三十五歲的她找到了一份兼差的事務工作。剛開始的時候，公司說這份工作可以做到五十歲退休，但過了幾年之後，卻突然改成三年一聘，這名女性因而在任職四年又十個月的時候遭到解雇。接替她職位的新人，是個年紀二十出頭的約聘職員。她只得重新開始找工作，卻深深感受到「一旦超過四十歲，能找的工作實在少得可憐」。四十二歲的時候，她終於找到了一份每月續聘的約聘職員工作，但並沒有因此滿足，還是繼續積極尋找待遇更好的工作，直到有一次，她「打電話到一家以三十五歲為年齡上限的企業，卻遭到對方不留情面地嚴詞拒絕，因而大受打擊，從此沒有再找新的工作」。

日本在二〇〇七年實施《改正雇用對策法》，原則上禁止企業在徵人及錄用時設定年齡限制。但即便徵人啟事上沒有寫明年齡限制，企業還是能在書面審查的階段，以各種不同的理由淘汰年齡太高的應徵者。如果每一家企業都這樣不老實，只是表面上遵守法律，到頭來只會讓應徵者做更多白費力氣的事而已。

在《雇用對策法》改正之後，企業不得在徵人及錄用時設定年齡限制，這反而更加讓人搞不清楚企業的徵人條件是什麼。大多數的情況，我都是在面試的時候才被告知「其實我們的期望年齡是不超過四十歲」，或「我們希望為公司注入年輕的新血」。聽到第一次見面的人說出這種話，除了很想發脾氣之外，也不禁感慨如果可以事先知道企業的年齡限制，其實能少走很多冤枉路。

（《朝日新聞》專欄「職場的真心話」，
二〇〇七年十二月七日）

這名投書者是一位正在找工作的四十八歲女性，字裡行間流露出改正之前的法律反而比較好的嗟嘆。

接下來則是一名四十二歲女性到某大型連鎖咖啡廳應徵服務生的遭遇：

面試是以兩人為一組。面試官不斷拿我跟另一個女學生比較，一下子說「妳本人看起來比履歷表上的照片更老」，一下子又說「這位女同學就跟照片一樣年輕呢」，擺出一副我根本不該應徵這份工作的態度。平常我有時會光顧這家咖啡廳，但如今卻對這家店充滿了不信任感。

（《朝日新聞》專欄「職場的真心話」，
二〇一一年一月十一日）

我讀了這篇文章，不禁心想那名女學生不知是覺得「幸好我還年輕」，或是開始對年齡的增長感到不安。

我也有一個四十多歲的朋友在應徵某項打工時，面試官委婉地告訴她：「我們這裡的員工大多是二、三十歲。」這位朋友不希望因年齡而顯得突兀，最後決定放棄那份工作。

這些女性只不過是每年增加了一點年紀而已，體能並沒有衰退。而且她們擁有豐富的工作經驗，照理來說工作能力應該比年輕時更強，然而卻因為年紀的關係屢屢遭到淘汰。就在某一天，她們赫然發現眼前矗立著一道「年齡的高牆」。女人遇上這道「牆」的時間，比男人還早得多，有很多三、四十歲的女性因為這道牆的關係而放棄了就職，或是為了跨越這道牆而努力考取各種證照。近年來佯裝成介紹家庭代工或販售證照教材的詐騙手法在社會上相當猖獗，正是看準了這些女性所遭遇到的困境。

一個「局夫人」都沒有…

近年來婦女工作至退休的例子越來越多，導致職場上的「局夫人」[11]一詞逐漸不再有人提起。畢竟當職場上的高齡婦女多得數不清時，就很難以「局夫人」一詞來單指某位特定人物。

然而在從前的時代，社會上存在著很多「一個局夫人都沒有」的職場。因為在一九七〇年代之前，許多企業及團體都大剌剌地存在著「女性三十歲退休制度」。女人一旦上了年紀，就算還想繼續工作也會被迫退休。

例如當時名古屋電視臺的就業規範中，就規定男人的退休年齡為五十五歲，女人則為三十歲。後來一群女性員工主張這是差別待遇，向法院提告。名古屋地方法院於一九七二年依據日本《民法》第九十條的規定（違反公共秩序或善良風俗的法律行為為無效），判處名古屋電視臺的就業規範無效。

同一時期因所謂「男女別退休制度（包含女性早期退休制度）」而引發的訴訟案，還有「東急機關工業案（男性五十五歲、女性三十歲）」、「岩手縣經濟農協連案（一般職員〔實際上全為男性〕五十五歲、準職員〔實際上全為女性〕三十一歲）」、「伊豆仙人掌公園案（男性五十七歲、女性四十七歲）」、「男鹿市農協案（男性五十六歲、女性四十六歲）」等等。

這幾起訴訟案的判決結果都跟「名古屋電視臺案」一樣，法院依據《民法》第九十條，判決「男女別退休制度」的規定無效。

就連一般社會大眾普遍認為最落實男女平等待遇的公家機關，也存在著女性必須提早退休的制度。

譬如當時鳥取縣的縣教育委員會（以下略稱縣教委）所制定的《公立小學、中學、特殊教育學校教職員人事異動辦法綱領》中，便

11「局夫人」（お局さま）在古代日本原指宮中的高階女官，到了現代引申為在職場上工作年數長、對其他同事頤指氣使的高齡婦女。

制定了男性五十五歲、女性五十歲（夫妻都在工作的情況則為四十七歲）的「退休獎勵年齡」。當時有三名女性教職員不滿這項規定，一直工作到了五十九歲及六十歲才辦理退休（三人退休當時，男性職員的退休獎勵年齡為五十八歲）。縣教委不僅沒有依照慣例頒發感謝狀給她們，甚至刪減了她們的退休金，平均每人少了約五百萬圓。

一九八二年，這幾位女性教職員控告縣教委，縣教委則主張他們採行的不是「男女別退休制度」，只不過是「獎勵退休」，當事人還是可以依其自由意願決定要不要退休。

然而實際情況，卻是「縣教委為了提升退休獎勵規定的有效程度，對於不服從的女性教職員，不論執行勤務時間還是休息時間，皆持續進行固執、強硬且帶有脅迫意味的勸告。甚至為了達到目的，動輒將當事人轉調至通勤困難的地區或偏遠地區等，以這類報復性的人事命令做為脅迫的慣用手法」。不僅如此，回顧一九五〇年的情況，當時「四十二歲以上的女性教職員同時受到了強硬的勸告，幾乎所有人皆同意退休。到了昭和二十八年（筆者註：即一九五三年），四十五歲以上的女性教職員僅剩下兩、三人」。

雖然縣教委聲稱「女性教職員較早退休只是一種慣例」，但我相信這個慣例是被硬逼出來的。這場訴訟因女性教職員的主張全面獲得認同而得到高度評價，被視為「關於公務員男女歧視退休獎勵年齡基準，日本首次做出的指標性判決」（《勞働法律旬報》，一一六六號）。

根據日本總務省的調查，直到二〇〇〇年四月一日為止，全日本還有五十三個單位（石川縣二十個、福井縣二十個、富山縣七個、山梨縣二個、三重縣一個、兵庫縣一個、山口縣一個、愛媛縣一個）設有男女不同的退休獎勵年齡。一九九九年，石川縣鳥屋町公所的女性職員針對「男性五十八歲，女性四十八歲」的退休獎勵年齡提起訴訟，並在二〇〇一年獲得部分勝訴。其後在總務省的強力通告下，到了二〇〇一年三月底，所有單位都已廢除男女別退休獎勵年齡相關規定（《商經論叢》，五十二號）。

相信有些人會感到好奇，這些單位認為女性應該提早退休的理由到底是什麼？

以前述制定出「男女別退休制度」的「伊豆仙人掌公園案（男性五十七歲，女性四十七歲）」為例，資方曾多次進行上訴，雖然全以敗訴收場，但針對為何只有女性必須在四十七歲退休的質疑，其理由如下：

「（筆者註：資方以其事業性質為觀光服務業為由宣稱）我們需要年輕女性『年輕』、『開朗』、『溫柔』、『清爽』及『機靈』的特質，中高年婦女不符合我們的需要」、「女性職員的能力較低，缺乏管理能力及學習各種專門業務的能力，且無法轉任其他職務」、「女性在四十五歲後會面臨生理上的更年期，導致勞動能力降低，薪資與勞動能力不對等的情況會比男性發生得更早」、「相較於男性，女性對企業的貢獻度較低，在年功序列式薪資體制[12]之下，薪資與勞動能力不對等的情況會比男性發生得更早」、「男性多為家庭經濟支柱，必須持續勞動以扶養家人，相較之下女性以現況而論，工作的目的多為貼補家用，願意工作到四十五歲之後的例子並不多」、「綜觀其他企業，為男女設定不同退休年齡是相當普遍的制度」等等（法院網站　判例資訊）。

把以上這些理由翻成白話，就是「這些阿姨太陰沉、壞心眼、不愛乾淨又遲鈍，不適合從事服務業。何況女人的能力本來就比較低，過了更年期後會更難用，企業如果繼續雇用她們會造成莫大損失。女人工作只不過是為了貼補家用，而且很少有女人會願意工作到四十五歲之後。所以社會上不論哪一家企業，都會盡早讓女人退休」。簡單來說，就是女人只有在開朗、溫柔、清爽且機靈的年輕時期，才有雇用價值。

即使到了今天，還是有不少企業抱持著相同的觀念。如今這些企業已無法明目張膽地制定男女別退休制度，但他們還是只打算雇用年輕女性，而且不願意支付與男性相同的薪資，也不願意讓女性職員升遷，因此他們換了一套做法。那就是以派遣職員或約聘職員的方式，

12「年功序列式薪資體制」指的是依照在職年資長短決定薪資高低的支薪體制。

在有期限的前提下雇用年輕女性，且唯有打工性質的低薪工作，才會雇用中高齡婦女。

舉例來說，在大企業擔任櫃檯的絕大部分是年輕女性，但她們的身分大多是派遣職員。至於薪水低、性質為單純肉體勞動的工作，則大多交給打工的中高齡婦女。

∴為外表設定等級的人力派遣公司

「櫃檯小姐」除了必須年輕之外，外表也必須達到「合格標準」，獲得派遣工作的機會才會高。我會如此肯定，是因為大約十年前，曾發生過一起大型人力派遣公司的女性登錄人才個資在網路上外流的事件。在每一名登錄者的個資之中，竟然包含了外表的等級。

我也曾是該派遣公司的登錄者之一，但完全不知道當初在面試時，自己的容貌已經被打了分數。事發之後，我收到了一封來自派遣公司的「道歉信」，信中只針對個資外流向我致歉，但關於擅自為外表設定等級一事卻是隻字未提。

如果在人力派遣業務上，為外表設定等級是一個必要的項目，大可以事先讓登錄者自由選擇「重視外表的職業」或「不重視外表的職業」。派遣公司不這麼做，難道是因為登錄者大部分是年輕女性，因此外表才是最重要的條件，至於學歷、經歷、證照、事務及實作能力都是其次？如今各大企業雖然不能再以外表或年齡為條件招募女性職員，但他們在對派遣公司提出人才需求時，或許還是會大剌剌地提出「容貌端莊，二十五歲以下」之類的要求。

年齡及外表是女性是否獲得錄用的重要條件，這是不爭的事實。不論再怎麼認真工作，上了年紀還是會弄丟飯碗，這在社會上已不是什麼新聞。以下這則例子，是某位四十四歲女性約聘職員投書至報社的文章：

> 我任職於建設公司的工地事務所。所長認為「櫃檯小姐年紀太大實在很丟臉」，因此每當舉行祈安或奠基儀式時，他總是會另外找來分局或子公司的二十多歲女職員擔任櫃檯小姐。
>
> 我的年紀確實已稱不上年輕，但不管是男人還是女人，年齡增加的速度並沒有差別。原本我是個很喜歡笑的人，向來把「效率與笑容」當成工作的座右銘，但如今這樣的心情已經逐漸消失了。

（《朝日新聞》專欄「職場的真心話」，
二〇〇七年八月三日）

這一篇投書的標題為〈櫃檯小姐只看年紀？〉，而一名五十四歲的女性英語會話講師讀了這篇文章後，也投了一篇名為〈年齡限制是必要的嗎？〉的文章至報社：

> 我讀了上次刊登的〈櫃檯小姐只看年紀？〉這篇投書。事實上，讓女性遭受年齡歧視的工作，並不是只有櫃檯小姐而已。我曾在美國的日資企業工作了十二年，五十一歲那年回到日本，到人力派遣公司找工作時，對方卻跟我說「要幫妳找到工作並不容易，因為現在的企業都會指定年齡範圍」，讓我聽得啞口無言。
>
> 我看了報紙上的徵人啟事後打電話應徵，對方通常都會詢問年齡，但應徵事務工作為什麼要問年齡？在美國，許多活躍於服

務業的女性年紀都已經老大不小了呢。

（《朝日新聞》專欄「職場的真心話」，二〇〇七年八月三十一日）

我在第一章就曾提過，美國在一九六七年制定了《就業年齡歧視法》（ADEA），禁止業主在徵人啟事及面試的時候問及應徵者的年齡及出生年月日。在美國，只要看起來年輕，就不會因實際年齡而遭到解雇，或許這正是美國號稱反年齡歧視先進國的原因。

日本雖然起步比別人晚，但是就在刊登這篇投書的一個月後（二〇〇七年十月），也實施了《改正雇用對策法》，禁止業主在徵人及錄用條件上加入年齡限制。可惜就如同前面所講的，這項法律的實質效用並不大。正如以下這篇投書中的描述，五十歲以上的婦女要擔任事務工作還是一樣困難：

因為不景氣的關係，我任職的公司決定不招募正職員工。但由於工廠人手不足，我從原本的事務部門被轉調到工廠幫忙。剛開始只是為期三個月的短期調度，但是三個月之後，我卻又被轉調到另一間工廠，並沒有回到原本的部門，而且這一次是真的被調職了。

我原本的工作被交給了另一個二十多歲的女職員，我實在無法釋懷，私人物品也沒有整理，連進辦公室都感到有些尷尬。難道女人只要過了五十歲，就會受到這樣的對待？

（《朝日新聞》專欄「職場的真心話」，二〇〇九年十一月十日）

這名女性投書者的情況，是有一天突然被調離了原本的事務工作。

中島隆信教授在《歐巴桑經濟學》[13]一書中提到，除了農、林、

13原文書名《オバサンの経済学》（東洋經濟新報社），中文版由商周出版，本書的引文內容則皆為新譯。

漁業等第一級產業及製造業之外，「歐巴桑世代」（該書中的定義為四十五至六十四歲女性）所佔比例最高的前三名職業，分別為「女傭」、「建築工」及「清潔人員」。換句話說，女性唯有在體力狀況最佳的年輕時期能找到事務性工作，當年紀大了之後，反而只能做最需要體力的肉體勞動工作。

．「摩斯爺婆」的成功案例

事實上不僅是女性，男性在超過五十歲之後同樣很難找到工作。近年來由於經濟不景氣，中高齡男性的裁員、求職問題經常登上媒體版面。由於他們往往是家中的「經濟支柱」，這些問題於是引發了社會的重視與關注，也連帶讓求職時的年齡歧視問題被攤在陽光下。

然而從以前到現在，撐起一家生計的職業婦女也不少。這些婦女就算剛開始是以正職員工的身分進入公司，也會因為男女別退休制度而失去工作，其後便必須忍受年齡歧視，從事一些收入微薄且辛苦、骯髒或危險的工作。但就像年老雙親的看護問題一樣，不少社會問題往往必須等到男性遭到波及之後才會浮上檯面。

前幾天的電視新聞以讚揚的角度，介紹了積極錄用單親媽媽的某家企業。由於單親媽媽經常需要請假且無法加班，一般企業大多不喜歡錄用，而該企業積極錄用單親媽媽的理由，是她們「工作比較認真」。可惜這家企業給這些單親媽媽的待遇相當刻薄，令人不禁認為他們只是利用了單親媽媽「不能沒有收入且因年齡關係很難換工作」的弱點來壓榨她們。事實上，母子單親家庭的平均收入是全日本家庭平均收入的一半以下。如果能夠在「實質上」消除求職時的年齡歧視、增加中高齡女性可選擇的工作種類，相信就能有效縮小收入差距。

想要在實質上消除年齡歧視，是否只能仿照美國，嚴格監督業主不得在徵人時詢問年齡？希望中高齡婦女能夠將伴隨年齡而獲得的工作經驗運用在新的工作上，這樣的訴求是否過於理想化？

有「摩斯爺婆」之稱而廣為人知的摩斯漢堡五反田東口店，在多達五十名的工讀生之中，有十人已經超過六十歲，其中五人為男性，五人為女性（二〇一一年三月的情況）。據說當初業主並非刻意招募高齡人士，只是因為預定開幕日期已近，卻一直徵不到年輕的工讀生，只好放寬年齡限制。沒想到年齡限制一放寬，竟有一名五十九歲的婦人前來應徵。這名婦人因個性隨和、親切而獲得錄用，如今雖然已經七十六歲，還是持續從事這份工作。而且因為她的關係，業主也開始雇用其他高齡工讀生。這位業主表示，這名婦人的例子「有助於提升雇用中高齡人士做為服務人員的意願」。

摩斯漢堡的公關人員作出以下評論：

「這名員工不僅相當熟悉服務業的禮儀，而且豐富的人生經驗讓她散發出一股難以形容的穩重感。當客人點完餐，在等待漢堡製作的時間裡，她也能夠以各種職訓手冊上不曾提及的貼心服務消除客人的焦躁。」

有時突然下起大雨，客人全身濕淋淋地奔進店內，她會一邊說「運氣真不好呢」，一邊送上乾毛巾。客人往往會因此大受感動，但是對她而言，這只不過是她經常在做的事情。

（《朝日新聞》專欄「be report」，二〇〇九年一月十日）

當然，年輕女性不見得都遲鈍，中高齡女性不見得都貼心，評斷一個人的工作能力不能光憑年紀。但從這個例子，我們可以看出對年齡「先入為主的偏見」，很可能會讓業主蒙受損失。

順帶一提，「摩斯爺婆」這個稱呼其實相當不適當。任何人聽到孫子以外的人稱自己為「爺」或「婆」（嬤），想必都不會開心。以下是一篇名為〈受傷的「阿嬤」〉的報紙投書，投書者是一名六十八歲的婦人：

那天傍晚，我兩手捧著丈夫種的白菜，走在院子前面。有個不認識的年輕人一看到我，突然對我說：「阿嬤，那個看起來好重，妳在做什麼啊？」

那是我第一次被陌生人叫「阿嬤」。我心裡氣得不得了，暗罵：「你在叫誰啊？我可不是你的阿嬤！」

可愛的孫子是我平日的活力來源，我經常對著孫子說自己是阿嬤，至於為什麼聽到別人這樣叫會生氣，我也說不出個所以然來。或許那個年輕人並沒有想太多，只是想表達友好而已，但還是讓我有些受傷。

（《朝日新聞》專欄「短暫時光」，二〇〇九年二月三日）

或許那年輕人是好心想幫忙拿東西，也或許是個裝熟的推銷員，但一句親切的話卻帶來了反效果。

婦女被孫子叫「阿嬤」會很開心，被外人叫「阿嬤」卻會受傷。這就跟被外甥叫阿姨覺得沒什麼，但是被外人這麼叫卻會覺得不舒服是一樣的道理。

厚生年金支領年齡的男女差異

現在讓我們把話題拉回「男女別退休制度」的問題上。在各項判例之中，如果「男女別退休制度」的男女年齡差距在十歲以上，例如前述「名古屋電視臺案（男性五十五歲、女性三十歲）」及「伊豆仙人掌公園案（男性五十七歲、女性四十七歲）」，法院都依據日本《民法》第九十條的規定，做出了「無效」的判決。然而若是男女退休年齡差距在五歲以內的案子，法院的判決則出現了歧異（〈最高法院判例解說〉，《法曹時報》，三十六卷八號）。

有一部分判決認定「男性六十歲、女性五十五歲」的退休制度並不違法，法官最常提出的理由就是厚生年金的支領年齡差異。日本在一九八六年四月實施基礎年金制度以前，厚生年金中老年年金的支領年齡依據《厚生年金保險法》第四十二條的規定，為「男性六十歲、女性五十五歲」。因此法官認為企業依照此規定讓女性提早五年退休是合情合理的事情。

但是在進入一九八〇年代之後，法院便不再基於厚生年金支領年齡而認同企業的男女別退休制度，就算退休年齡「差五年」，也會遭法院判定為違法。

例如當年放射線影響研究所規定的「男性六十二歲、女性五十七歲」的退休制度，也遭法院判決違法（一九八四年），判決書中針對厚生年金支領年齡問題做出了以下解釋：

前述老年年金的精神，是為了保障勞工老後喪失勞動能力的老年生活，因此若勞工尚具有勞動意願及能力，且在企業亦有能力雇用的情況下，若以前述老年年金開始支領為由讓勞工退休，實不符合前述法律之精神。何況就算開始支領年金，其金額與企業雇用時的給付薪資相比亦會大幅減少，顯然退休會造成當事人的損失。因此現行《厚生年金保險法》的老年年金中，女性開始支領的年齡雖為五十五歲，但不應成為本案男女

別退休制度的合理理由。（《勞働判例》，四二五號）

開始支領年金的年齡有著男女差異，原本是基於年金財政負擔的考量，將支領者中比例較高的男性（當時上班族的妻子不具支領資格）的支領起始年齡拉高了五歲（〈最高法院判例解說〉，《法曹時報》，三十六卷八號）。然而女性支領者比例較低的原因之一，正是包含「男女別退休制度」在內的各種因素，造就了「對女性較不利的工作環境」。

簡言之，「男女別退休制度」造成了年金支領起始年齡的男女差異，而這項男女差異卻反而被拿來當做合理化「男女別退休制度」的理由。就在法院做出前述判決的隔年（一九八五年），《男女雇用機會均等法》終於正式上路。

女人五十五歲相當於男人七十多歲？

在一九七七年做出判決的「唐津紅十字醫院案」，也是退休年齡「相差五歲」（男性六十歲、女性五十五歲）而獲判沒有違法的判例之一。其判決書中有著這麼一句話：「女性在五十歲至五十五歲之間，生理機能會顯著下滑，女性五十五歲時的生理機能幾乎相當於男性七十多歲。」

事實上，這項判決是有前例的。那就是「男女別退休制度」相關訴訟案中最著名的「日產汽車案（原為男性五十五歲、女性五十歲，於一九七三年變更為男性六十歲、女性五十五歲）」。這也是一場男女相差「五歲」的訴訟案，法院在一九七一年針對假處分申請所提出的判決書中，有著以下這段話：

每個人的身心機能及勞動能力雖有差異，但一般而言會在二十

> 歲左右達到巔峰，其後便逐漸下滑。從肌肉力量、肺活量、影響動脈硬化症狀的血壓變化、視力、反應時間、動作敏捷性等各項生理機能來看，隨著年齡而產生的機能變化並沒有顯著的男女差異。但是一般來說，女性的生理機能水準低於男性，女性五十歲約相當於男性五十二歲，女性五十五歲則約相當於男性七十歲（後略）。
>
> （《判例時報》，六四四號）

這段引文中提到以「生理機能水準」而言，女性五十歲約相當於男性五十二歲，女性五十五歲則約相當於男性七十歲，這樣的認定到底有何根據？

發行於一九七六年十一月（前述判決的五年後）的《婦人民主新聞》（後更名為《femin》）上，有一篇名為〈現代「女巫審判」〉的文章探討了這個判例。關於法官做出判決的根據，文章中做了如此解釋：「二十年前，秋田縣的居民出現明顯的早期老化現象。有人因而記錄了某農村男女居民禿頭、白髮、臉上皺紋、牙齒脫落等老化現象，並且製作出圖表。那位法官想要做出男女有別的判決，才千方百計弄來這張圖表當做『藉口』。」

我沒有辦法找到這篇文章中所稱的「圖表」，但如果真有這張圖表要拿來當做法庭上的證據，則「二十年前」的調查數據實在太舊，「秋田縣某農村」的樣本數也實在太少。

現在我們將焦點拉回「唐津紅十字醫院案」的判決書中，「女性在五十歲至五十五歲之間，生理機能會顯著下滑，女性五十五歲時的生理機能幾乎相當於男性七十多歲」，這句話讓人聯想到了女性的「更年期」。只要把話中的「生理機能」替換為「生育機能」，基本上這就是一段針對「男女生育期限差異」的說明。

當然，「生育能力」與「工作能力」完全是兩碼子事，那名法官或許只是需要一個「藉口」，才找來了「秋田縣某農村」的調查圖表。

我在第三章便曾提到，在日本剛邁入近代化國家的階段，為了推動性別職責分工，男女的「生育期限」差異曾被拿來當做比較「男女優劣」的證據。經過了漫長的歲月之後，到了一九七〇年代，這個差異竟又被拿來當做「男女別退休制度」的合理根據。很多女性在邁入更年期時，確實出現了身心不適的症狀，這些症狀也確實可能對工作造成負面影響，但症狀嚴重程度有著個人差異，而且只會持續一陣子而已。

另外還有一點，也是日本在邁入近代化國家之後，就持續有人提出的看法。那就是女性在月經時會出現身心不適的症狀，因此不適合肩負重大任務。這個觀念在爭取生理假的運動過程中，也不斷有人提出，直到今天依然根深柢固（參見拙作，《月經與犯罪——女性犯罪論真偽考察》，批評社）。

女性在年輕的時候，便不斷遭受「月經時的女性為無用之物」及「女性在生產後會辭去工作，因此為無用之物」之類的批判，等到終於停了經，不再有月經及生育問題之後，卻又會遭受「女性的老化速度比男性快，因此為無用之物」的批評。說到底，女人不管在什麼時候都是無用之物。

前述「唐津紅十字醫院案」雖然最後判定其男女別退休制度並不違法，但「日產汽車案」則一直上訴到了最高法院，最後以企業敗訴定讞（一九八一年）。法院秉持的理由為：「至少在大約六十歲之前，只要是一般性的職務，不論男女都擁有企業經營上所要求的執行能力，（中略）因此在退休年齡上區分男女差異並無合理的理由。」

自這項判決之後，「男女別退休制度」不論年齡差距幾歲，都會被法院判定為違法。因此「日產汽車案」在判定「男女別退休制度」的違法性上可說是具有劃時代的意義。

本章探討了現代的中高齡婦女在找工作時以及在職場上所遇到的年齡歧視現象，並且回顧了數十年前曾被視為理所當然的「男女別退休制度」及其相關訴訟案件。

如今由女性擔任上司、主管的情況並不稀奇，但是在從前，許多男人都不希望「被女人使喚」。正是為了防杜這種情況發生，企業才會讓女性職員只負責輔助性質的工作，不給予升遷機會，而且強迫提早退休。這個現象在從前是整個社會的風氣，法院當然也無法置身事外。

數十年前都還是這樣的狀況，如今就算企業內部有什麼逼退女性職員的不成文規定，也不是什麼奇事。我們只能說，至少在漫長的法庭抗爭與修法之後，情況已稍有改善。

根據日本厚生勞働省的調查，日本企業的所有管理職（從基層的組長到高層的董事）之中，女性的比例只佔了百分之八。另外，根據國際非營利組織「國際企業女性主管協會」（CWDI）的調查，日本企業的女性董事比例只有百分之一．四，在實施調查的三十五個國家之中位居倒數第五名。比例低於日本的國家，只有巴林王國、阿拉伯聯合大公國、卡達、沙烏地阿拉伯這些伊斯蘭教國家。

第五章：「阿姨」、「大嬸」與「歐巴桑」

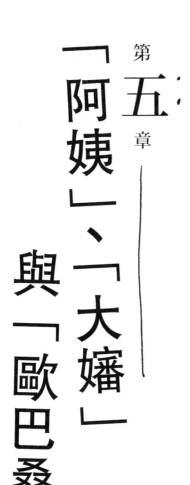

鼓吹「擺脫嬸味」的女性雜誌

我在第一章便曾提過，女性越是在意年齡背後附加的「特殊意義」，越會想要隱瞞自己的年齡。而這個「特殊意義」最明顯的例子，應該就屬「Obasan」[14]這個字眼了吧。

根據日本的辭典《廣辭苑》（第六版）中的解釋，「Obasan」一詞有兩種意思。第一種是「對伯母或叔母表達尊敬及親切的稱謂」[15]，第二種則漢字寫成「小母」，主要為「年少者對非親屬的年長女性的親切稱謂」。

這兩種意思的共通點都是「親切的稱謂」，但社會上其實還流行著第三種意思，那就是「揶揄女性年齡時的稱謂」。

14 原文「おばさん」，中文有時譯為阿姨、大嬸，或音譯為歐巴桑。本書則視行文語境與社會現況斟酌採用此三種稱呼。

15 日本的親屬稱謂沒有內外親之分，所以還包含中文所稱的姨媽、舅媽等長輩。

以下對於《廣辭苑》解釋中「Obasan」的第二種意思，也就是年少者對中高齡女性的善意稱謂，權且標記為「阿姨」；至於揶揄的惡意稱謂，則標記為「大嬸」。但如果是書名或引文，則多依循原本的標記，在行文中也會以「歐巴桑」稱之。

原本「阿姨」這個詞只是用來指稱中高齡女性，是一個相當方便的稱呼。但正如同我在〈序言〉中所述，如今這個詞卻會讓說者遲疑、聽者不悅。

發明「草食男」、「肉食女」等流行語的專欄作家深澤真紀，也曾提倡廢除「阿姨」一詞，改為統一使用「中年」。「阿姨」成為侮蔑性的字眼，正是因為太多人將這個詞等同於惡意的稱謂，也就是「大嬸」一詞。

作家內館牧子的小說《年紀的騷擾》中有著以下描述：

> 日本的女人對於「大嬸」這個字眼相當敏感。
>
> 譬如有兩個女人在逛街購物，其中一人拿起一件衣服問另一人

「這件如何」，如果得到的回答是：

「不行，太像大嬸了。」

拿著衣服的女人馬上會把衣服扔下。

又譬如有個長期外派至紐約的女強人，即將被調回東京總公司擔任部長。「曾外派紐約」、「女性部長」、「女強人」，這三重形象讓辦公室裡的女職員們感到既好奇又害怕。於是有人打電話給認識這位女強人的海外部女職員，詢問「新部長是什麼樣的人」，如果得到的回答是：

「能力很強，但看起來就是個大嬸。」

那麼所有女職員得知之後，好奇心與恐懼感馬上會大減。每個人心裡都會想著：「就算她有三頭六臂，也不過就是個大嬸嘛。」

引文中的「看起來就是個大嬸」，意思幾乎可以跟「俗氣」、「老土」劃上等號。

事實上，以三十歲以上女性為主要讀者群的時尚雜誌，幾乎都是以「看起來不會像大嬸」為宗旨。各種廣告文案皆主打「擺脫嬸味」，例如「告別嬸味的大人穿搭術」，或是「不飄嬸味的魅力眼妝」等等。

最近就連女性雜誌也開始出現鼓勵生育的風潮，例如《CREA》雜誌會定期安插「當媽媽！」專欄，但訴求的重點是「當個漂亮的媽媽」。女人就算上了年紀或生了孩子，還是會希望永遠當個「成熟女人」，而不是「大嬸」。

就算是從來不讀女性雜誌的女人，光是每天看著電車車廂內的廣告及報紙廣告，一再暴露在類似的訊息中，也會開始產生「千萬不能變成大嬸」的想法，如此一來，「大嬸」一詞自然也會帶有負面意義。

女性雜誌中標榜「擺脫嬸味」的文章，通常會與化妝品廣告合作，引誘不希望變成「大嬸」的讀者購買高價的化妝品。雜誌媒體大力宣揚「擺脫嬸味」（可算是狹義的「抗老化」），到頭來獲得最大利益的還是化妝品公司。

「擺脫嬸味」的觀念當然並非只被利用在化妝品上。其他諸如健身器材、調整型內衣、美容院、整形手術等等，引誘女人花錢的手段可說是數也數不完。著有《歐巴桑經濟學》一書的經濟學家中島隆信（慶應義塾大學教授）主張，女人為了不讓自己變成「歐巴桑」，花費會一年比一年增加，當她認為「投入的成本已超過維持女性魅力的好處」時，這個女人就會「變成歐巴桑」：

當成本超過了維持生理上的女性魅力所能帶來的好處時，女人就會變成歐巴桑。換句話說，在我的定義之下，所謂的歐巴桑就是放棄維持女性魅力的女人。

（〈歐巴桑經濟學——放棄了「女性魅力」後的人類行為學〉）

至於中島對「女性魅力」的定義，則是「只不過是女性荷爾蒙帶來的生理特徵」。

《歐巴桑經濟學》做為一本站在經濟學角度分析歐巴桑現象的書籍，獲得了相當高的評價。作者另外還以這本書的內容為基礎，整理出前引這篇名為〈歐巴桑經濟學——放棄了「女性魅力」後的人類行為學〉的演講稿。本章將試著藉由引用這兩方面的內容，探討關於「阿姨」、「大嬸」、「歐巴桑」的種種問題。

‧團塊世代與「歐巴桑」

《歐巴桑經濟學》一書中最值得一讀的理論，是將歐巴桑的「厚臉皮」當成一種優點，因為可以「提升經濟效率」。

要是問起「歐巴桑的特徵是什麼」，相信大多數的人都會回答「厚臉皮」。既然大部分的人都這麼認為，想必是不會錯的。（中略）譬如電車上的座位還有一點空隙，歐巴桑就會要求坐著的人「往旁邊擠一下」，相信大家對這樣的景象並不陌生。有些歐巴桑更狠，甚至會直接將屁股往空隙塞。周圍的人大多會覺得這樣的行為很厚臉皮，但眾人的觀感對歐巴桑而言不具任何意義，因為歐巴桑早已「放棄了女性魅力」，打從一開始就不打算在他人心中留下好印象。（中略）

然而站在經濟學的觀點，減少電車座位的空間浪費就資源分配而言是一種值得嘉許的行為。歐巴桑在許多場合都像這樣對經濟效率的提升發揮了助益。

此外，就連歐巴桑在觀光景點或戲院裡使用男廁所的「厚臉皮」行為，在中島的解釋下也成了優點，因為這麼做可以「減緩女廁所的擁擠程度，提升男廁所的使用率，帶來經濟學上的效益」。

歐巴桑敢這麼做，是因為她們已經「放棄了女性魅力」。任何還當自己是女人的女人，就算看到無人使用的男廁所也絕對不敢越雷池一步。同樣的道理，男人要是看到充滿女性魅力的女人突然走進男廁所，大概也會嚇得六神無主吧。

這麼說來，歐巴桑確實會走進男廁所，但歐吉桑卻絕對不會走進女廁所。想必一來是因為歐吉桑要是真的忍不住了還可以隨便找個路邊小便，二來男人走進女生廁所八成會被當成色狼逮捕。

此外，該書中認定「歐巴桑都很厚臉皮」的根據是「大部分的人都這麼認為」，而令大部分的人都產生這種刻板印象的主要原因之一，其實是流行於一九九〇年前後的「歐巴塔利安」一詞。這個詞是由「歐巴桑」與恐怖電影《巴塔利安》[16]組合而成，出自堀田勝彥所畫的四格漫畫標題，內容則是以厚臉皮的中高齡婦女為主角。「歐巴塔利安」在一九八九年獲得「新語．流行語大賞」的流行語部門金賞，從此之後，「歐巴桑」便與「厚臉皮」劃上了等號。

換句話說，「歐巴桑」做為侮蔑性字眼也有兩種意義，一種是揶揄對方上了年紀，另一種則是含有厚臉皮、不知羞恥之類的「特殊意義」。平日隱瞞年齡且想方設法讓自己保持年輕的女人，害怕被他人喚做「歐巴桑」，指的是前者的意義。至於符合後者意義的「歐巴桑」，不管以前者或後者的意義稱呼她們，她們也只會當耳邊風。

16《巴塔利安》為「Battalion」的音譯，這是一九八五年的美國恐怖喜劇電影 *The Return of the Living Dead* 在日本上映時的片名。中文版的片名則為《芝加哥打鬼》。

總而言之，在歷經了「歐巴塔利安」風潮之後，「歐巴桑都很厚臉皮」的刻板印象開始成形，「歐巴桑」被當成負面詞彙使用的情況也與日俱增。

而「歐巴塔利安」爆發流行的背後原因，其實是「團塊世代」（指一九四七～一九四九年出生的日本人）中的女性剛好在這個時期達到「歐巴桑的年齡」。不論性別或年代，總是會有一些厚臉皮的人，但是當母體人數增多時，就會讓人產生到處都是厚臉皮歐巴桑的錯覺。

此外，當女性解放運動（Women's Liberation）在日本蔚為風潮的時候，團塊世代的年紀剛好是二十歲出頭。倘若將「放棄女性魅力」當成「歐巴桑」的定義，這些婦女成為「歐巴桑」可說是必然的趨勢。因為就在她們剛長大成人的時候，整個社會都在大問「女性魅力是什麼」。

「團塊世代中的男性應該也在同一個時期達到了歐吉桑的年齡，為什麼從來沒有人說這些歐吉桑很厚臉皮？」或許有些讀者心中會抱持這樣的疑問。事實上，當時的歐巴桑與歐吉桑的最大差別，就在於這些歐巴桑不僅人數增加，而且開始從家庭走入社會，發聲的機會也變多了，因此比從前的婦女更加容易受到注意。

例如語言學者遠藤織枝便在《女性稱呼大研究——從辣妹到歐巴桑》（三省堂）一書中，針對「歐巴桑」的出現提出了以下見解：

> 在二次大戰剛結束的那個貧窮年代，食物跟衣物都十分匱乏，每個女人都在為了如何取得這些資源而大傷腦筋。在那個時代，根本不存在所謂的「歐巴桑」。直到日本的經濟開始起飛，女人不再需要為三餐煩惱，家電產品讓做家事變得輕鬆，而且孩子們都能自己上下學、不必再由母親接送之後，在這些多了不少空閒時間的女人之中才產生了所謂的「歐巴桑」。
>
> （中略）
>
> 身為家庭主婦，當然會希望家人的三餐飲食安全無虞，所以會加入消費生活合作社，而且會參與產地直銷的團購。一些具草

根性的民眾活動，也相當貼近這些家庭主婦的生活。此外還有保護自然、反對核能發電、反對接種疫苗，以及回收空罐等社會議題……。（中略）

我認為社會上開始出現「歐巴桑」，正是因為這些家庭主婦逐漸在各種場合與社會有了緊密連結。

值得一提的是，就在「歐巴塔利安」一詞獲得「新語・流行語大賞」的流行語部門金賞時（一九八九年），獲得新語部門金賞的詞彙則是「性騷擾」。

「大嬸」、「歐巴桑」算是歧視用語嗎？

《歐巴桑經濟學》一書中主張「歐巴桑一詞被認定為歧視用語的日子或許不遠了。因為在很多時候，這個字眼被用來揶揄行為或外貌具有某些共同特徵的女性」。至於遠藤織枝的《女性稱呼大研究——從辣妹到歐巴桑》一書，則更直接了當地認定「『歐巴桑』及『歐吉桑』都是歧視用語」。

將「中高齡婦女」這個族群統稱為「歐巴桑」或「大嬸」，並且夾帶「厚臉皮」、「不知羞恥」等特殊意義，確實符合「歧視」的定義。以下為日本《現代社會福祉辭典》（有斐閣）中對「歧視」的解釋：

> 統稱以某種社會性的框架認定、避諱與排擠他人，不去理解他人生命之個別具體意義的各種行為。（中略）歧視包含各種不

同的層級，有的是蓄意且強烈的歧視行為，有的則是隱含同情、憐憫，卻在無意識之中產生輕微的排擠行為。這些歧視的現象深植在我們的日常生活之中，理由就在於我們往往「不帶絲毫批判地接納某些扭曲的框架」。

以前文引用的內館牧子小說《年紀的騷擾》為例，「能力很強，但看起來就是個大嬸」這句話正符合上述定義。那些女職員不去理解「曾外派紐約」、「女性部長」、「女強人」這些「他人生命之個別具體意義」，並且以「不過就是個大嬸」一語來「避諱與排擠他人」。

值得一提的是，有些女人在聽見別人叫自己「大嬸」時，明知道帶有歧視意味，卻表現得絲毫不以為意，甚至會說出「反正我本來就是大嬸，被這麼叫也沒什麼大不了」這種話——這正是所謂「不帶絲毫批判地接納某些扭曲的框架」。如果自己真的不在乎，那倒也沒關係，但不應該要求「在乎」的人採取跟自己相同的態度。關於這一點，社會學者好井裕明在《歧視原論——與「我」內部的權力相處》（平凡社）一書中，舉了一個相當簡單易懂的例子：

我在還不到五十歲時，額頭的髮線就已經越來越高，頭頂越來越稀薄，髮絲也變得又細又軟。我知道自己的頭會越來越禿，但我認為自然就是最好的狀態，因此一直放任不管，對於「禿頭」一事也沒有特別的感覺。因此就算有人叫我「禿子」，我也不痛不癢，只會在心裡回答「是啊，我就是禿子」。但我相信這世上有些人的想法跟我不一樣。有些人平日相當在意頭髮，對頭髮百般愛護，而且會盡可能不讓他人發現自己「禿了」或「正在變禿」，甚至不想讓人察覺自己很在意這件事。對這些人來說，如果被他人喚做「禿子」，那麼「禿子」這個詞就成了具有強烈歧視意味的攻擊性字眼。

同樣的道理，對於一個平日努力讓自己維持年輕美麗的女人而言，被喚做「大嬸」等於是否定了她的一切。不僅如此，中高齡婦女置身在一個其他女職員都很年輕的職場裡，本來就會有如坐針氈的感覺，這時如果又聽到有人叫自己「大嬸」，很可能會認為那是在暗示自己「趕快走人」。如今日本社會的企業雖然已不存在明文的「男女別退休制度」，但許多公司內部依然有著「不希望女職員做太久」的氛圍。而且我在前文也提到過，「大嬸」跟「大叔」比起來，更容易讓人聯想到「生育期限」的問題，因此對某些女性來說，這是相當具有殺傷力的字眼。

以我個人為例，被小孩叫「阿姨」並不會讓我感到不舒服，有時我也會在小孩面前自稱「阿姨」，但我無法接受成年人對我使用帶有「避諱與排擠」意味的「大嬸」。

此外，好井裕明亦提出了這樣的見解：「關於用字遣詞的方式是否帶有歧視意味，我認為只要一個語詞在歷史上帶有負面意義，而且這項意義如今依然存在於該語詞中，就應該視為歧視用語而避免使用。然而在大部分的場合中，用字遣詞是否帶有歧視意味，必須看這些詞彙與上下文的關係，以及這些詞彙在文脈中帶有什麼樣的意義。」

以「大嬸」這個詞來說，除了我在第三章及第四章提過的「過了生育期限、沒有存在價值」、「年紀不適合繼續待在職場」這些否定意義之外，還有著「厚臉皮」、「不知羞恥」的負面意義，而且這些意義如今依然存在於這個語詞之中。對這些意義心知肚明的大人脫口說出的「大嬸」，與孩子不帶任何心機地喊出的「阿姨」，在「文脈」中的意義當然天差地遠。

為了不讓「阿姨」成為歧視用語，就應該避免濫用在「大嬸」這樣的負面意義上。我自己平日也相當謹慎小心，不希望讓「大嬸」的社會形象變得更加糟糕。

值得一提的是，「大叔」一詞雖然不帶有「過了生育期限」、「年紀不適合繼續待在職場」、「厚臉皮」、「不知羞恥」這些負面意義，但卻跟「大嬸」一樣會被拿來當做揶揄年紀太大的稱呼。

在我的認知中，這種情況似乎是使用「老爹」一詞居多，但專欄作家深澤真紀的看法則有所不同。她相當喜歡「老爹」這個稱呼，認為這個詞語「有時帶有尊敬及關愛之意」，甚至還希望「女性也能擁有一個像男性的『老爹』這樣的稱呼」。

此外，深澤又以關西方言中的「歐巴將」為例，主張「有些話似乎以方言來說會比較好。關西也有所謂的『歐桑』及『歐將』，如果這些都有女性版本就好了」。由此發言可以看出，深澤認為「歐巴將」是比「歐巴桑」更好的稱呼。

相較之下，大阪出身的好井裕明卻主張「『歐巴桑』聽起來比較有禮貌，『阿桑』則會讓人聯想到『穿豹紋裝的阿姨』，給人一種親近感。但是『歐巴將』卻有一種取笑人的感覺」。換句話說，好井認為「歐巴桑」較好而「歐巴將」較差。

由此可知，對稱呼的觀感有著個人及地方性的差異，這往往也是在說者與聽者之間造成摩擦的原因之一。

少子化與「阿姨」

我小時候經常使用「綠色阿姨」、「學研阿姨」、「養樂多阿姨」等稱呼，但在現在的年代，這些稱呼在日本已經沒有人使用了。

所謂的「綠色阿姨」，指的是穿著綠色制服站在通學的路上，引導小學生安全上下學的導護媽媽。她們的正式名稱為「學童保護員」，在一九五九年由東京都率先實施，剛開始的主要目的是為了讓單親媽媽有一份穩定的工作，因此初期清一色都是女性。但如今許多地方政府都已廢除這項制度，將導護工作交由義工媽媽擔任，因此「綠色阿姨」這個稱呼自然也跟著消失了。

「學研阿姨」則是負責發送當時的學習研究社所發行的《學習》及《科學》這兩部雜誌的女性。但受到少子化等因素影響，許多「學研阿姨」遭到裁員，到了二〇一〇年時，這兩部雜誌都休刊了，這些阿姨的身影當然也跟著從社會上消失。

至於「養樂多阿姨」，則是負責運送及販賣養樂多商品的女性，近年來有個新的名稱叫「養樂多淑女」。養樂多企業的官方網站上如此寫道：「（這群女性）在地方上相當受歡迎，有個暱稱叫『養樂多阿姨』，但自昭和五十年代後期（約一九八〇年前後），許多年輕女性開始從事這份工作，並將年幼的孩子交給養樂多幼稚園照顧，從那個時期開始，『養樂多淑女』就成為她們的普遍稱呼。」簡單來說，因為擔任這份工作的年輕媽媽增加了，所以稱呼就從「阿姨」變成了「淑女」。

經我向養樂多企業求證，得到的回答是「除了販賣員的年齡有降低的趨勢之外，也是因為『阿姨』一詞帶有歧視女性的意味，所以變更了稱呼」。值得一提的是，為了避免觸犯《男女雇用機會均等法》，所以這群女性販賣員的正式名稱並不是「養樂多淑女」，而是「養樂多職員」。

在招募販賣員的時候，徵人啟事上寫的若是「徵養樂多阿姨」而非「徵養樂多淑女」，相信來應徵的人數也會截然不同。畢竟許多女性還是會對「阿姨」這個字眼感到抗拒。倘若「綠色阿姨」跟「學研阿姨」如今依然存在，想必也會同樣面臨更改稱呼的命運吧。

由這些例子可以看出來，最近社會對「阿姨」（或「大嬸」、「歐巴桑」）的排斥感越來越強，理由除了「歐巴塔利安」一詞的流行之外，還包含了「少子化」的影響。

在從前那個兄弟姊妹眾多的年代，每個女人都免不了一天到晚被外甥或侄子叫「阿姨」（姑姑），因此會逐漸適應「阿姨」這個稱呼。但現代女性不少是家裡的獨生女，或者兄弟姊妹可能都沒有小孩。當然，如果自己有了孩子，就可能被孩子的朋友喚做「阿姨」。然而如果沒有甥侄輩，自己也沒有小孩，那麼上了年紀之後被成年人喚做「阿姨」，就可能是「打從出生以來頭一遭」，由於沒有適應的機會，排斥感當然也會大增。

我在〈序言〉中便曾提到，根據實際調查，四十多歲女性有百分之六十五．三，五十多歲女性有百分之五十四．六，六十多歲女性有百分之四十五．六，在聽到有人叫自己「阿姨」時會感到不自在。這些數字的背後除了對「代表不再年輕」的排斥感之外，還包含著對近年越來越普遍的歐巴桑就是「厚臉皮」、「不知羞恥」等附加意義的忌諱感，以及前述因少子化影響造成的抗拒感。同樣的問卷調查如果是在十年前、二十年前實施，數字應該會比現在低一些。

叫「阿姨」不如叫「媽媽」？

既然會令中高齡婦女感到不舒服，就算是沒有惡意的「阿姨」，或許還是避免使用為妙。

我在前文亦曾提過，深澤真紀提倡廢除「阿姨」這個稱呼，改使用「中年」這個字眼。這確實比使用「middle age」之類的英文或「成熟世代」之類的做作稱呼要自然得多，但缺點是不適合使用在對人的稱呼上。

既然如此，當遇到不認識的中高齡婦女，到底該怎麼稱呼呢？事實上在很多時候，只要稱呼「店員小姐」或「職員小姐」就行了。有時甚至不需要稱呼，只需要喊一聲「抱歉」或「不好意思」即可。

有時電視記者會稱呼一般的中高齡婦女為「媽媽」，但我認為這是相當糟糕的做法。或許記者心裡認為叫「媽媽」總比叫「阿姨」好一點，但中高齡婦女不見得每個都有孩子，就算有孩子，對方心裡也可能暗罵「我又不是你媽」。倘若記者跟婦女的年紀相差不遠，這麼叫更是會讓人覺得不舒服。

從前我曾遇過這麼一個例子。有個許久未見的男性朋友帶我去了一家烤雞串店，還向我聲稱自己是熟客。當時店內客人非常多，我們並肩坐在吧檯座位，吧檯內則有五、六名年輕男店員忙著處理烤雞串，另外還有一位年紀看起來五十多歲的婦人，看樣子似乎是老闆。

那位朋友以熟絡的口吻朝婦人喊了一聲「媽媽」，接著開始點餐。我原本以為他既然以「媽媽」稱呼對方，多半真的是熟客，而且跟那位婦人很熟吧。沒想到婦人竟然露出了一臉驚訝的表情，若不是過去從沒有客人這麼叫她，就是我的朋友跟她並沒有熟到可以這樣叫。不論原因為何，都已證明那位朋友在這家店內並非「熟客」。

不過這裡要強調的是，我認為不適當的「媽媽」稱呼，並不包含因孩子而建立起的人際關係。例如「媽媽友」之間互稱「○○媽媽」，便是理所當然的事，因為這只是以孩子為人際關係的出發點而已。若是不喜歡這種稱呼模式，可以請其他媽媽友以名字來稱呼自己就好。

說起來，「太太」這個稱呼也不是很適當。因為中高齡的婦女不見得都結了婚，而且日文的太太（奥さん）一詞隱含著「男主外、女主內」的意義，就算是已婚婦女可能也會無法接受：

有一家我常去的加油站，服務員總是叫我「媽媽」，這讓我覺得很不舒服。既然我是客人，他們大可以叫我「客人」就好。

但我以前也犯過相同的錯誤。曾經有好一陣子，我將來收報費的老婦人喚做「阿姨」。後來我發現每次這樣叫時，她的表情總是有些僵硬，才改口叫她「太太」，但這樣的稱呼似乎也不太適當。

我在泰國參加當地旅遊團時，導遊所用的稱呼就很棒。點名的時候，導遊總是說：「One family, three couples, one lady……」對於單獨參加的我，導遊會稱呼我「lady（淑女）」。當時計程車司機則是叫我「madame（夫人）」，我雖然有些年紀但沒有結婚，因此對這個稱呼也不是很喜歡。

我認為光從稱呼他人的方式，就可以看出一個人的品格。

（五十九歲女性，《朝日新聞》專欄「聲」，

二〇〇八年十二月四日）

就算是自己的家人，有時也會出現不喜歡被稱做「媽媽」的情況：

我還記得小時候，有一次爸爸喊了好幾聲「媽媽」，媽媽罵了他一句「我才不是你媽媽」。（中略）

而年輕的時候，我曾到英國旅行，或許是國家風氣的關係，不管走到哪裡，英國人總是叫我「young lady（年輕淑女）」。雖然我心裡覺得天底下不會有高貴淑女自己一個人出國旅行，但被這麼叫還是有些開心。

幾年後，我到瑞士念書，由於那是法語圈，所以女性都被稱做

「madame」或「mademoiselle」。

根據當地的習慣，不管已婚或未婚，年輕女性都喜歡被稱做「madame」，因此我也被叫做「madame」。這讓我感覺自己成了一個在工作上能夠獨當一面的自立、成熟女性，內心有些驕傲。

如何稱呼女性是一件相當敏感的事，並沒有所謂的正確答案。隨著生涯階段而改變的稱呼，正可說象徵著一個女人的歷史。

（四十七歲女性，《朝日新聞》專欄「聲」，二〇〇八年十二月十六日）

許多丈夫都會稱呼自己的妻子為「媽媽」。或許是因為在孩子小時候，父親總是站在孩子的角度說話，也或許是為了教孩子說話，而將孩子的母親稱做「媽媽」，久而久之就習慣了。如果是因為這樣，似乎並沒有什麼不妥，但有些人則認為這些男人是把真的照顧自己生活起居的妻子當成了媽媽。

我從不曾住過外國，因此不了解外國人在使用「lady」、「madame」或「mademoiselle」這些稱呼時，有著什麼樣的微妙含意。但在日本這個國家，男人會把職場上工作能力與自己相當的年輕女性稱為「女孩」，而把中高齡婦女揶揄為「大嬸」，因此不難想像很多日本女性到了外國會感受到文化衝擊，忍不住將心情分享到報紙上。

第一篇投書中提到「光從稱呼他人的方式，就可以看出一個人的品格」，這句話或許可以引申為「光從稱呼他人的方式，就可以看出一個國家的國民性（或文化）」。

第二篇投書以「madame」及「mademoiselle」為例，提到「隨著生涯階段而改變的稱呼，正可說象徵著一個女人的歷史」。同樣的概念或許也能套用在日本，從「女孩」到「大嬸」的稱呼改變，也象徵著生涯階段的變化，但兩者的界線卻是相當模糊不清。

馬拉松選手高橋尚子在三十六歲那年宣布退休時，在公開這項消息的新聞節目上，某位男性評論家說了一句：「畢竟還是個年輕女孩，當然會感到煩惱。」的確，高橋尚子當時看起來還很年輕，但如果今天對象換做一個三十六歲的男性，也會被稱做「男孩」嗎？難道女性符合「女孩」稱呼的年齡長度，比男性符合「男孩」稱呼的年齡長度更長？如果是這樣，不就代表女性成為「大嬸」的年齡，會比男性成為「大叔」的年齡晚？

但在一份探討「從幾歲起算是大嬸或大叔」的問卷調查中，最多人回答的選項為「從四十歲開始算是大叔」、「從三十歲開始算是大嬸」。（〈三十歲之後算大嬸？新成人意識調查〉，《共同通信》，二〇〇四年一月七日）

換句話說，女性被當成「女孩」的時間較長，被當成「大嬸」的時間卻也較早。從這一點也可看出年齡上的「男女雙重標準」。

「厚臉皮」也是源自於「女性魅力」？

雖然平常靠「抱歉」跟「不好意思」也能溝通，但如果有個稱呼能夠代替「阿姨」，且不讓對方感到彆扭或不舒服，想必更加方便。專欄作家深澤真紀也曾表示「如果有個稱呼，能夠讓中年女性自然接納自己就好了（不能是什麼古怪的外來語）」。

一九五〇年代後半，日本社會曾經流行過「ＢＧ」這個詞彙，意思是「business girl」，也就是「上班女郎」。但後來ＮＨＫ下令禁止使用這個詞彙，理由是這會讓人聯想到美國的「bargirl」（多指娼婦）。到了一九六三年，雜誌《女性自身》公開募集一個能夠取代「ＢＧ」的詞彙，於是「ＯＬ（office lady）」這個日式英語就這麼誕生了。或許我們可以仿效這樣的做法，為「阿姨」募集一個更好的稱呼。

話說回來，在現今的社會，上班女郎變得一點也不稀奇，不論是男是女都被統稱為「上班族」。所以有著「年輕、未婚且不具特殊才能的女性事務員」含意（依據佐佐木瑞枝教授《女人與男人的日本語辭典 上冊》中的解釋）的「OL」一詞，也漸漸越來越少人使用。同樣的道理，就算現在創造出了一個取代「阿姨」的字眼，只要中高齡婦女的負面形象沒有消失，新字眼遲早也會帶有侮蔑的含意。

然而《歐巴桑經濟學》一書中的描述如果屬實，亦即在電車上擠座位空隙的「厚臉皮」行為大多是由「歐巴桑」（該書定義為四十五～六十四歲）所為，那麼大眾對於中高齡婦女的負面印象當然也不可能改觀。

某一天的報紙上刊登了一則讀者投書，名為〈中高齡婦女的貼心舉動〉，投書者是一名行動不便的男士，他在文章中聲稱「電車內願意讓座的乘客絕大部分是約莫五十歲以上的中高齡婦女，其次依序是年輕男性、高齡男性，最後才是年輕女性」。要在電車內讓座，必須擁有大膽向不認識的人攀談的勇氣，或許這也可以算是歐巴桑的「厚臉皮」發揮了功效。

但是當天的報紙在這篇文章旁又刊登了另一則讀者投書，該讀者是一名孕婦，她卻聲稱「在電車裡願意讓座的大多是二十多歲的年輕女性」。報社編輯故意把這兩篇投書擺在一起，應該是為了表達「親切與否因人而異，並沒有男女老幼的分別」。

我相當贊成編輯的這個觀點，但其實從這兩篇投書，還可以提出一個假設。前一篇的「行動不便的男士」搭電車的時間應該不是通勤的尖峰時段，因此電車裡中高齡婦女的比例較高；而後一篇的「孕婦」搭電車的時間則可能是通勤時間，因此二十多歲的年輕女性（擁有正職工作的上班女郎）的比例較高。因為這個緣故，前者讓座的大多是中高齡婦女，而後者讓座的大多是年輕女性。

換句話說，「厚臉皮歐巴桑」在電車裡大量出沒的時段，很可能原本就是中高齡婦女的比例較高的時段。仔細想想，電車裡的座位還有空隙可以擠，肯定不會是通勤的尖峰時段。

從另一個角度來看，在通勤時段的電車裡，那些身穿西裝的男人為了搶座位更是毫不客氣。難道這代表反正男人本來就不具備「女性魅力」，所以厚臉皮的程度跟「放棄了女性魅力」的歐巴桑旗鼓相當？抑或必須原本擁有「女性魅力」卻狠心放棄，才符合「厚臉皮」的定義？

❖不分年齡、性別的「歐巴桑性格」？

為了反駁「每個『歐巴桑』都很厚臉皮是一種偏見」，現在社會上出現了另外一派說法，那就是「並非只有『歐巴桑』才厚臉皮，而是不分年齡及性別，只要是厚臉皮、愛說三道四且不在乎他人眼光的人，都會被冠上『歐巴桑』的稱呼」。換句話說，只要別做出「像歐巴桑一樣的舉動」，就不會被這樣叫。

這一套「歐巴桑指的是做出『歐巴桑行徑』的人，無關年齡或性別」的說法聽起來頗有道理，因而在社會上廣為流通。以下這篇標題為〈「歐吉桑、歐巴桑」的分界線〉的報紙專欄文章正是典型的例子：

> 在職場上若有人叫我「阿姨」，我一定會氣呼呼地反駁：「誰是你阿姨，不會叫名字嗎？」回想從前二十多歲的時候，我常

毫不思索地對中年男人說：「大叔就是這樣才讓人討厭。」如今物換星移，我竟然對「叔叔」、「阿姨」這種字眼變得相當敏感。（中略）

作家林真理子在某一篇隨筆中寫道，有一次她上街購物，因為店員態度太差而罵了對方幾句，這讓她深深感受到「自己的嬸味」增加了。我也是一樣，每當在電車裡看到空位就趕緊坐下，或是因肩膀痠痛而貼了痠痛藥布上班時，我總會覺得自己實在「太像個歐巴桑」。

很多以前絕對不會做的事，如今我卻可以大剌剌地做。我想人就是在這種時候變成了「歐吉桑」或「歐巴桑」，這與年齡無關。如果有個女人依然會在意他人目光，或是聽到有人叫自己「阿姨」還是會氣得咬牙切齒，想必就還沒有變成歐巴桑。

像這樣畫出「分界線」雖然有些自以為是，但讓我的心情輕鬆了不少。以後在電車裡若看到有高中生坐在地上吃麵包，或是在通勤時段看到有大小姐坐在電車上化妝，我都會在心裡偷偷抱怨：「這些歐吉桑、歐巴桑真是的。」

（Mainichi INTERACTIVE，編輯部通訊，
二〇〇一年九月十一日）

這篇文章剛開始說在職場上被喚做「阿姨」會很生氣，最後的結論不知為何卻是「這些歐吉桑、歐巴桑真是的」。

在電車裡一看到座位就不管三七二十一地一屁股坐下，也不管其他人可能更需要座位，這一點或許確實需要反省（其實可以先坐下再觀察是否需要讓座），但如果店員的態度差得令人難以忍受，出言責備能夠防止後來的客人遇上同樣不愉快經驗，照理來說應該是非常正當的行為（重點大概在於表達的方式）。至於使用痠痛藥布，更不是什麼應該感到可恥的事。覺得可恥是因為不像年輕人，還是因為不健康？要是如此，那麼使用老花眼鏡跟拐杖，是不是也該感到可恥？

這些姑且不提，總之「很多以前絕對不會做的事，如今我卻可以大剌剌地做。我想人就是在這種時候變成了『歐吉桑』或『歐巴

桑』」——這位撰文者基於這樣的觀點，把電車裡坐在地上吃麵包的高中生及化妝的年輕女人也認定為「歐吉桑、歐巴桑」。

但既然高中生及年輕女人也有厚臉皮的一面，由此可知厚臉皮絕對不是「歐吉桑、歐巴桑」的專利。

這位撰文者因為在職場上被喚做「阿姨」而心生不滿，但她並沒有譴責叫她「阿姨」的人，反而藉由「如果有個女人依然會在意他人目光，或是聽到有人叫自己阿姨還是會氣得咬牙切齒，想必就還沒有變成歐巴桑」這種觀點來安慰自己。

說穿了，撰文者自己也對「歐巴桑（歐吉桑）」抱持著輕蔑的態度，因此藉由暗罵為所欲為的年輕人「這些歐吉桑、歐巴桑真是的」，來消解自己的心頭之氣。

值得一提的是，依據她的用法，「大小姐」一詞可能也含有輕蔑之意，在這裡應該是反諷的意思吧。

這一套「歐巴桑指的是做出『歐巴桑行徑』的人，無關年齡或性別」的說法，似乎代表「只要有心，每個人都可以不必被稱為『歐巴桑』」，乍聽之下彷彿公平公正，但本質上卻還是難以撼動的「歐巴桑蔑視心理」。既然不分男女老幼都有「像歐巴桑的人」，那又何必使用「歐巴桑」這個字眼？只要說他們是「厚臉皮的人」或「不知羞恥的人」就行了。

歐巴桑就是敢碰大便的人？

針對歐巴桑的「存在意義與存在價值」，經濟學家中島隆信提出了以下見解：

歐巴桑經常得承受世人的負面眼光，甚至被戲稱為「歐幫」或「歐巴塔利安」，但這一群人不僅沒有從世上消失，反而還在社會上佔有一席之地。

站在經濟學的觀點來看，這代表她們具備讓社會願意接納她們的存在意義及存在價值。

（〈歐巴桑經濟學──放棄了「女性魅力」後的人類行為學〉）

在《歐巴桑經濟學》一書的專欄中，中島並提出了這樣一個疑問：「在人類以外的動物世界裡，雌性就算結束了身為雌性的機能，只要在社會中還能扮演某種有用的角色，就能夠繼續存活下去。如此說來，人類中的歐巴桑扮演了什麼樣的有用角色？」針對這個關於歐巴桑的「存在意義與存在價值」的疑問，中島自己找到了一個答案，那就是活用家庭主婦經驗的「看護工作」。

事實上，中島會「想寫一本讚揚『歐巴桑』的書」，正是因為他為撰寫前一本著作《身障人士經濟學》（東洋經濟新報社）而拜訪某身障人士安養機構時，所長對他說了這麼一句話：

「打工的歐巴桑在我們這裡可是幫上了大忙，因為她們敢碰大便，而且餵飯也得心應手。」

（《歐巴桑經濟學》）

針對這句話，中島做了以下淺顯易懂的解釋：

絕大部分的歐巴桑都結過婚、生過小孩，而且多是全職主婦。

因此「會做家事及帶過孩子」是這些歐巴桑的共同特徵，這一點可說是相當重要。

有帶孩子的經驗，能賦予這些歐巴桑什麼樣的能力？安養機構的員工告訴我，懂得如何餵飯給孩子吃當然是這些歐巴桑的重要能力之一，但更重要的是，她們敢碰髒東西。

這些婦女既然帶過孩子，當然處理過孩子的便溺。如果沒有辦法適應這件事，就無法把孩子順利帶大。反過來說，當這些擁有育兒經驗的人進入安養機構當看護人員時，勢必得處理身心障礙人士的排泄物，這是她們一定會接觸到的工作。

如果是歐巴桑，做這件事就會覺得沒什麼大不了。說得更明白點，是不是歐巴桑，就看敢不敢用手碰大便。我聽完了這番解釋，覺得頗有道理。但至少我自己恐怕是做不到的。

（〈歐巴桑經濟學——放棄了「女性魅力」後的人類行為學〉）

事實上目前有很多年輕人立志投入看護工作，是因為他們認為這份工作在社會上有著絕對的必要性，而且是一種幫助別人的工作。因此在這些從事看護工作的人之中，相信有不少人雖然不喜歡處理排泄物，但整體而言還是認為這是一份很有意義的工作，所以願意繼續努力下去。對於經驗老道的看護師來說，處理排泄物想必更是毫無困難。

以下介紹一篇報紙投書，標題為〈看護工作中的２Ｋ根本沒什麼〉，投書者是一位實際從事看護工作的五十歲婦女：

> 大家都說看護工作是「３Ｋ」，也就是「髒、臭、辛苦」[17]，但我從不曾覺得處理排泄物是一件很討厭的事，我相信其他從事看護工作的同仁也不會這麼認為。
>
> 從事看護工作帶給我的最大感觸，就是一個人不管地位再高或長得再美，到頭來跟其他人也沒有什麼不同。
>
> 每個人都會希望能夠享受美食、順暢排泄以及家庭和樂，有時當然也必須跟傷殘或疾病搏鬥。只要帶著大家都是人的同理

心，就不會對他人的排泄物感到厭惡。

（《朝日新聞》專欄「聲」，二〇〇八年十月三日）

這名投書者能夠不對他人的排泄物感到厭惡，並不是因為她本來就敢碰大便，而是因為她擁有大家都是人的同理心。除了她之外，我相信其他看護人員也是一樣。能不能處理他人的排泄物，並非取決於過去有沒有摸過大便，而是取決於內心是否具備職業意識。另外還有一點值得一提，那就是身障人士安養機構或老人安養機構裡，看護人員在處理排泄物的時候都會戴上手套及專用圍裙，實際上必須直接觸摸糞便的機會相當少。

這篇投書想說的主要是看護工作「3K」中的「髒、臭」（也就是處理排泄物）根本不是什麼大問題，只是不希望讓這份工作繼續「辛苦」下去——包括薪水低到無法養家活口，以及工作量大到危及

17這三個詞的日文發音都是K開頭。

健康。

倘若老人或身障人士安養機構的所長對職員們一點也不心存感激，滿腦子只認定「處理排泄物是歐巴桑的工作」，一副事不關己的態度，那麼大概也不用期待這些看護人員的待遇能夠有所改善了。每個人在嬰兒時期都必須靠他人幫自己換尿布，長大之後也可能因疾病、事故或老邁等原因，必須再次依賴他人為自己換尿布及處理排泄物。在處理排泄物這項看護工作上，每個人都無法置身事外。

以二十多歲的男性看護師為主角的漫畫《看護工向前衝》（中文版由東立出版），對於看護工作上的排泄物處理問題有著相當深刻的描寫。據說作者草花里樹在漫畫中將排泄物的相關場景描繪得相當詳實，理由就在於她認為大眾對排泄物的厭惡感「與社會對老人的觀感有幾分關聯」（《朝日新聞》專欄「日本人脈記」，二〇〇九年十月二十七日）。

「打工歐巴桑」

《歐巴桑經濟學》的作者中島隆信，認為「歐巴桑能一展長才」的工作為「女傭、建築工及清潔人員」等。他並主張由於這些歐巴桑「不具性魅力」，因此相當適合擔任廁所或澡堂的「清潔人員」。但以辛苦程度來說，這些工作恐怕都與看護工作不相上下。

歐巴桑大多從事這幾種工作，並不是基於偏好或興趣。從我在第四章中提及的「女性年齡歧視相關研究」的調查結果便可知道，中高齡婦女要找工作可說是相當困難，根本沒有辦法自行決定工作種類及條件。中島也明白地表示「女性一旦離職，就算養育完孩子，也很難回歸社會。以現況來看，只能從事打工兼差的非正職工作」。

而且當這些婦女開始打工之後，就會被冠上「打工歐巴桑」的稱呼。

例如內館牧子的小說《年紀的騷擾》，正是描述三十四歲的女主角大澤蜜，有一天在打工的豬排店突然發現原本應該由自己負責的工作被交給了另一名年輕女員工，而且自己還被喚做「打工歐巴桑」。大澤蜜大受打擊，憤而決定辭職。

不論在日本任何職場，多半都能聽到「打工歐巴桑」這個稱呼。這指的是中高齡女性兼職員工，她們位在企業內階級金字塔的最底層，地位在男性正職員工、女性正職員工、男性約聘員工等所有階層之下。

在此舉一篇刊載在雜誌上的文章為例。這篇文章名為〈歐巴桑軍團立大功〉，內容是任職於大型製造廠的A先生的親身經歷，並經由編輯彙整而成。

某一次，A先生為了解決新電池製造上發生的問題，不得不使用人海戰術，緊急招募大批兼職員工，在數天之後組成了一個「歐巴桑軍團」。A先生向她們說明完作業方式正準備要離開，卻發現「歐巴桑們露出納悶的表情」。原來這群女性兼職員工希望A先生告知她們要製作的是什麼產品，以及為什麼要加入這個步驟。

咦？什麼？為什麼要我說明這些？現在我可是火燒屁股，已經沒有時間了！為什麼她們不能趕快動手把彎角切一切？就算聽了理由，她們的作業速度也不會變快！「妳們別多嘴，乖乖照吩咐去做就行了！」我忍不住想要這麼說，但我知道這時若惹惱這群歐巴桑，生產線真的會開天窗。我不斷說服自己冷靜，壓抑下焦躁的情緒。

（《日經Electronics》，七三五號）

接著A先生為了盡快讓大家開工，像連珠炮一樣口沫橫飛地迅速解釋完畢。「如何？這下妳們滿意了吧？」他一邊在心裡吶喊，一邊環視婦女的臉。每個人臉上的表情都是「似懂非懂」，但至少已經明白這是一項非常緊急的工作。直到確認她們開始作業後，A先生才終於轉身離開。

以結果而言，這些「歐巴桑軍團」完美達成了使命，所以這篇文章才會叫〈歐巴桑軍團立大功〉。然而文章中既沒有「立大功」之類的用詞，也沒有表達感謝之意的隻字片語。明明只要稱她們為「兼職員工」就行了，文章裡卻偏偏要使用「歐巴桑」這種字眼。而且希望雇主說明製造產品是什麼的要求可說合情合理（除非涉及企業機密而無法說明），A先生卻抱持著「說了作業速度也不會變快」、「乖乖照吩咐去做就行了」這種趕鴨子上架的念頭，連短短幾分鐘的說明也想偷懶。最後還以「每個人臉上的表情都是似懂非懂」來暗中取笑這些兼職員工，完全沒想過別人聽不懂很可能代表自己的說明能力太差。

對這位A先生而言，那些「歐巴桑軍團」不過就是一群幫忙做事的「人手」，與自己的立場並不對等。假如他有一天突然遭裁員，只能靠這種兼職工作賺錢，想必馬上會因為「拉不下臉」而立刻辭職吧。

從另一方面來看，那些在別人眼裡「厚臉皮又不知羞恥」的強悍歐巴桑，在從事兼職工作的時候，地位卻是在職場的最下層。她們就像是雇用機制裡的備胎，只能領取微薄的時薪，任憑雇主擺布。

中島隆信指出這些歐巴桑就像是「廉價的勞動力資源」，雖然「站在社會的立場來看相當方便」，但是「她們只希望在符合稅法上的配偶扣除額條件範圍內賺取收入，因此並不會積極爭取改善兼職員工的勞動條件，也並不特別希望轉任正職。由於她們追求經濟自立的意願並不高，這也對全體兼職勞動者在社會上的地位提升造成阻礙」。（《歐巴桑經濟學》）

對於中島這段論述，我想提出兩點看法。第一，這些歐巴桑只希望在配偶扣除額條件範圍內賺取收入，是因為不這麼做會令她們蒙受損失。她們並非自願成為「廉價的勞動力資源」，倘若「對全體兼職勞動者在社會上的地位提升造成阻礙」，那也不是她們的錯，而是整個制度面的錯。第二，即便只想賺取配偶扣除額條件範圍內的收入，一定還是有很多歐巴桑希望「改善兼職員工的勞動條件及轉任正職」。

最近經常在媒體版面上露臉的三浦由紀江女士，原本只是個從事兼職工作的家庭主婦。她在四十四歲的時候成為JR上野車站便當賣場的兼職販賣員，後來又成為每年續聘的約聘職員。到了五十二歲時，她通過了正職員工考試，如今已是日本餐廳事業（NRE，Nippon Restaurant Enterprise）便當營業部大宮營業所的所長，掌管六家店舖。三浦女士能夠升任正職員工，是因為她懂得利用各種創意及巧思，讓鐵路便當的營業額大幅提升。

不過我舉這個例子，並非想要強調兼職阿姨還是可以有高昂的工作意願或升任正職員工。畢竟三浦女士之所以受到媒體關注，正是因為像她這樣從兼職躍升為正職且大放異彩的例子實在太少太少。

歐巴桑無論是否積極想轉任正職，都會面臨一個無可避免的現實問題，那就是眼前矗立著一道高牆。打從找工作的時候開始，她們就對這一點有著深刻體會。那些希望轉任正職的歐巴桑之中，一定有些人是一開始原本就想找正職工作。最後她們還是屈就於兼職，代表她們放棄了原本的目標——理由可想而知，很有可能就是因為年齡限制。

此外還有一點，中島所提到的「歐巴桑並不會積極爭取改善兼職員工的勞動條件，也並不特別希望轉任正職」，在某些時候或許沒錯。有很多歐巴桑的確不在乎時薪低、待遇差的問題，因為她們把生活重心放在家庭。她們願意屈就於「打工歐巴桑」的身分，是因為對她們來說，「妻子」及「母親」的身分更加重要。她們或許只是想獲取一點微薄的收入，來應付孩子們的學費或自己的興趣支出，甚至有些人只是單純想讓自己有份工作可以做。

倘若她們真的「對全體兼職勞動者在社會上的地位提升造成阻礙」，該受指責的也不應該是她們，而是利用她們「從家庭也能獲得滿足」這個特性而對她們過度依賴的企業。

前述賣鐵路便當的三浦女士曾表示，當初在當兼職人員的時候，有陣子明明自己很努力提升業績，但獲公司提拔成為約聘職員的卻都是年輕人，令她感到很不甘心。不過以結果來看，公司讓三浦女士轉任正職反倒獲得了龐大利益。

這代表過去因「刻板印象」而只錄用年輕人的企業，如果能夠依循法律積極錄用中高齡人士，或許就有機會挖掘到像三浦女士這樣遭到埋沒的人才。

本章從本書主題進一步延伸，探討了《歐巴桑經濟學》中關於「歐巴桑」（阿姨／大嬸）的各種論述。該書中還有一些分析「歐吉桑」（叔叔／大叔）的理論，非常有意思，相當值得一讀。

第六章

「歐巴桑」的社會性

「不放棄當個女人」中的「女人」指的是什麼？

現在讓我們把話題再拉回《年紀的騷擾》這部小說上。年屆三十四歲的女主角大澤蜜因為被喚做「打工歐巴桑」而大受打擊，決定辭去豬排店的工作時，某個男性正職員工對她說了這麼一句話：「要辭就辭吧。不過是個打工歐巴桑，我們要找幾個都不成問題。同樣的道理，妳要另外找到打工應該也不難。」大澤蜜聽了之後如此反擊：「不，我不會再打工了。如果我繼續當個打工歐巴桑，就會像你們兩個（筆者註：針對年齡騷擾主角的男性正職員工）一樣，一輩子當個年紀與實力不相稱的可憐蟲。」從大澤蜜這句話可以看出，她自己對「打工歐巴桑」也相當歧視。

事實上，大澤蜜被喚做「打工歐巴桑」會大受打擊，是因為她認為自己還「很有魅力」。她覺得自己與一般三十四歲女人不同，沒想到卻跟其他三十八歲、四十六歲及五十二歲的兼職同事一起被當成

「歐巴桑」。

雖然跟年紀最大的差了十八歲，但在男人眼裡，她們都是「歐巴桑」吧。在蜜的觀念裡，三十八歲是接近四十歲，三十四歲則接近三十歲。更何況是四十六歲跟五十二歲，更是完全不能相比。

從這一段描述可以看出，大澤蜜的憤怒完全來自於她自認為還很年輕，卻被當成「歐巴桑」。這讓我不禁感到好奇，等她到了三十八歲，甚至是五十二歲的時候，難道就會心甘情願地接納「歐巴桑」這個稱呼？

接下來的情節，則描述大澤蜜發現原本相當信任的丈夫竟然有個還在讀大學的情婦，為了對抗年輕的情婦，她決定前往美容外科接受抗老化手術。但就在付諸行動前，她突然改變了心意，認為「既然年輕不能重來，只能靠充實內在來對抗年輕女人」，以及「對女人而言，充實的人生指的是每個階段都不留下遺憾」。在丈夫與情婦分手之後，大澤蜜得到機會跟情婦對談，並且靠著「成熟女人」的氣勢成功化解了危機，讓夫妻倆與寶貝女兒所組成的家庭恢復圓滿。她並決定將原本打算動手術而向母親借來的一百萬圓當做學費，進大學學習看護技術。大澤蜜因年齡而產生的煩惱，至此便算是告一段落。

不論任何煩惱，「設法忘掉」都是一種有效的手段。就這層意義上來說，害怕年齡持續增加的大澤蜜選擇上大學進修，可說是正確的決定。但她辭去令她感到自卑的「打工歐巴桑」工作，躲進了大學裡，說穿了只不過是一種逃避「年齡騷擾」、獨善其身的行為。

若要追根究柢，事實上大澤蜜早在被喚做「打工歐巴桑」及發現丈夫外遇之前，便已對於年紀增長（嚴格來說是容貌衰老）感到恐懼。針對這股恐懼的原因，小說中是如此分析的：

> 不論已婚還是未婚，滿腦子只想著男人眼裡怎麼看、男人心裡怎麼想，才會害怕失去年輕。不管對象是打工職場的店長，還

是搬家業者都一樣。若是能不以男人的目光做為判斷基準，女人想必能活得更加自由、更加隨興，不必在意年齡的問題。但是女人一旦不再在意男人的視線，就會被視為「放棄當個女人」。在女性雜誌上，一天到晚可以看見知名女性公眾人物說出類似這樣的話：

「不論幾歲，都不能放棄當個女人。」

這實在是一句相當陳腐、老套的話。但「不放棄當個女人」一直是所有女人最憧憬的生活方式，說穿了，就是那些知名女性公眾人物相當清楚什麼話能撼動女人的心。可惜以結果而言，女人說出口的話反而束縛了女人，這是多麼諷刺的一件事。

至少在大澤蜜的心裡，她很清楚只要「不以男人的目光做為判斷基準」，對「放棄當個女人」不要有半點遲疑，容貌隨著年齡而衰老的問題就不再是問題。可惜她深信「『不放棄當個女人』一直是所有女人最憧憬的生活方式」，因此她無法「放棄當個女人」，甚至一度決定前往美容外科接受抗老化手術。

所謂的「不放棄當個女人的女人」，指的就是不僅生為女人，而且「活得像女人」的人吧。

雖然現在的日本社會已逐漸接納「性別」的各種面貌，但依然存在著「男女生活有別」的根深柢固觀念。女人必須「活得像女人」，才能夠減少來自他人的惡意視線。

但就算當事人努力「不放棄當個女人」，上了一定年紀之後，還是會被這個社會視為「不再是個女人」。事實上，女人停經就常被形容為「終結女人的身分」或「沒辦法再當個女人」。

當然，如果打從一開始就不執著於當個女人，就算被認為（或被取笑）「不再是女人」，也不會覺得有什麼大不了。相反地，像大澤蜜這樣執著於「當個女人」的情況，便很容易受到傷害。

包含「年長者」在內的這些字眼（筆者註：指「阿姨」及外人口中的「媽媽」等），正是為了那些不再當女人的女人而存在的吧。要不要繼續當女人，照理來說應該是自己決定的事情，但那些人卻會在女人上了一定年紀後，擅自認定女人不再當女人，而冠上「阿姨」、「媽媽」或「年長者」這種稱呼。等到年紀再大一點，就會變成「高齡人士」。像這樣依年齡而改變對女人的稱呼，是一種暴力的行為，更是一種年紀的騷擾。

從這段文字看來，似乎只要是「放棄當個女人的女人」，就可以放心地稱她們是「阿姨」或「媽媽」。問題是，一個女人是否已經放棄當個女人，要如何判斷？

「阿姨」一詞原本並不是什麼失禮的稱呼，但如今帶有負面意義的「大嬸」在社會上遭到濫用，加上少子化造成許多婦女對「阿姨」這個字眼感到不適應，種種原因已導致這些稱呼讓大多數婦女感到彆扭或不舒服。不管眼前的女人是否已經放棄當個女人，使用其他稱呼恐怕才是比較保險的做法。

但是「年長者」或「高齡人士」這些詞彙，卻又與「大嬸」不同。我反而認為以「年長女性」取代「大嬸」，以「高齡女性」取代「阿嬤、老奶奶」是不錯的做法（可惜這些詞彙無法當做對人的稱呼）。因為這些詞彙只象徵年紀，在年紀增長並非壞事的前提下，這些詞彙當然也稱不上是「暴力的行為」或「年紀的騷擾」。

可惜就像在前首相福田康夫的施政下引發爭議的「後期高齡人士」一詞，今後這些字眼如果在使用上持續帶有「視高齡人士為累贅」的附加含意，那麼不管是原本被用來取代「老人」的「高齡人士」，還是「年長者」與「銀髮族」，恐怕最後都會跟「暴力的行為」及「年紀的騷擾」劃上等號。

遺憾的是，隨著團塊世代的高齡化，社會對高齡人士越來越厭惡，幾乎已是無可避免的趨勢。

「厭姥心態」

在二〇〇六年的時候，由於團塊世代即將大量退休，民眾都擔心這可能會對日本的勞動市場及社會保障制度造成衝擊，當時擔任讀賣新聞東京總部調查研究本部主任研究員的北村節子，發表了一篇論文，名為〈什麼是「團塊阿姨」——思考高齡女性大量出現的徵兆〉（《讀賣調研quarterly》）。

北村認為關於團塊世代的各項數據，「雖然突顯了『處於前期高齡期、享受著高消費能力、精力十足的阿姨』，卻也同時讓『處於後期高齡期的老奶奶』的社會問題浮上檯面，畢竟她們『因社會保障窘迫而導致生活陷入窮困危機的風險比男性更大』」。北村並且在統整了團塊世代的「黑幕」（筆者註：北村認為這包含人數眾多、長壽、存活年數超過健康預期壽命〔Healthy life expectancy〕、單身比例高、子女人數少等問題），及「後期高齡女性的現況」之後，指出這些高齡女性因以下幾點而「未來堪慮」：

・在日本社會保障制度財源窘迫的局面下，高齡女性由於會耗費年金、醫療費、看護費及龐大人力等各種社會資源，很可能讓她們被社會當成「累贅」。她們的子女人數少，會對子女造成沉重負擔，同時也會是整個社會的沉重包袱。結果可能會導致以「促進自立」為名義來減少社會提供的協助。

・隨著社會保障的減少，高齡人士的QOL將會惡化。但如此一來，社會保障的成本（醫療費、清寒補助等）也會提升。這可能導致以高齡人士（尤其是需要長期社會保障的女性）為主的族群陷入QOL持續惡化的惡性循環。

・經濟上的窘迫可能導致「厭惡高齡女性」的風氣，亦即「厭姥心態」，進而形成二十一世紀的「棄姥思想」。在這樣的風氣之下，如近年來偶有所聞的「看護師殺人案」等，以手無縛雞之力的高齡女性為下手對象的犯罪便可能增加。

北村認為高齡女性在社會上的「累贅感」越強，越容易陷入QOL（Quality of Life，生活品質）持續惡化的惡性循環，引發社會的「厭姥心態」。原本應該是好事的「長壽」，反而成了「黑幕」之一。健康狀況隨著年齡而衰退是理所當然的事，但存活年數超過「健康預期壽命」太多，會讓這些高齡女性在社會上被當成燙手山芋。

我在第五章曾經提及，同樣是「Obasan」，用做「阿姨」跟用做「大嬸」的意思截然不同。而且自從「歐巴塔利安」在一九五〇年前後引發流行，「歐巴桑」的含意受到濫用的情況也越來越嚴重。「阿姨」是個帶有親切感與溫暖的詞彙，「大嬸」卻只剩下敵意與惡意。從「阿姨」到「大嬸」的變化，正象徵著社會開始對「阿姨」一詞產生嫌惡。

因此對於「團塊世代的女性進入高齡化會招致厭姥心態」的預測，我亦深有同感。社會對「阿姨」的厭惡感，可以視為「厭姥心態」的徵兆。

北村的論文結論是：「為了她們著想，也為了日本社會著想，如今我們應該認真思考『讓團塊世代的女性參與社會活動的具體方法』。」

值得一提的是，想必各位讀者都已察覺，北村在論文中也使用了「後期高齡期（人士）」這種說法。事實上，早在福田前首相於二〇〇八年任內實施「後期高齡人士醫療制度」[18]之前，「後期高齡期」一詞早已被廣泛使用在行政及諸般事務處理的年齡區分上。但直到這個字眼成為新醫療制度名稱的一部分，在日本社會引發高度關注後，許多高齡人士才開始對這個詞彙表達強烈不滿。背後的原因，或許就在於這會讓民眾將「後期高齡期」與「後期高齡人士醫療制度」聯想在一起，而這個新醫療制度在民眾的心中就宛如是「現代版的棄姥制度」。

18根據日本於二〇〇八年實施的「後期高齡人士醫療制度」的規定，「後期高齡期」指的是七十五歲以上，「前期高齡期」指的則是六十五歲至七十五歲之間。

石原都知事的「鮭魚」發言與PPK

我在第三章曾提及東京都知事石原慎太郎的「老太婆」發言。這起風波最可怕的地方，在於堂堂東京都施政最高負責人竟然帶頭認可「厭姥心態」。

除了這項「老太婆」發言之外，石原都知事在「少子社會與東京的未來福祉」會議及東京都議會上，都曾說過類似的話，而且發言的時間相去不遠。在東京都議會上，石原都知事還提到了「棄姥山」的故事：

> 深澤七郎寫了一篇關於棄姥山的故事，叫做《楢山節考》。描述因為村子實在太窮困，只好把還活著的老婆婆帶到山上丟掉。若從相反的角度來看，這也證明上了年紀的人類女性跟其他動物比起來，活下去的方式實在是太蠻橫了。我一邊聽著松

井先生（筆者註：在「老太婆」發言中被石原視為引用依據的東京大學榮譽教授松井孝典）的話，一邊思考各種現象，在心中留下了深刻印象。

（平成十三年東京都議會會議錄第十六號）

我在第三章便曾引述過，松井教授在與石原都知事及長谷川真理子的對談中，說過尼安德塔人因為太短命而不存在「老婆婆」，現代人類壽命較長，於是有了「老婆婆」，各種知識才能夠傳承給下一個世代，逐漸形成文明。但松井從不曾說過文明帶來了「最惡質、有害的老太婆」。

對於石原都知事這一連串發言，共有一三一名婦女提起聯合訴訟，要求他道歉及賠償損害。東京地方法院在二〇〇五年做出一審判決，同意石原都知事的發言已違法，但駁回了婦女們的要求。

一審宣判後的例行記者會上，石原都知事又發表了這麼一段言論：「各種動物為了生殖及保住後代子孫，大多必須費盡千辛萬苦。

譬如鮭魚拚了命往上游，產完卵之後就死了，烏鴉也變得不吃肉只吃眼珠……那模樣真是悲慘……而人類的情況可就不同了。」

後來婦女們又提出上訴，卻遭高院駁回。

其後又有人對石原都知事的「鮭魚」發言提出道歉及賠償的告訴，這就是所謂的「第二次石原審判」，但二〇〇七年的一審及二〇〇八年的二審都遭駁回。

在石原都知事的「鮭魚」發言中，那一句「人類的情況可就不同了」是什麼意思？如果從「老太婆」發言的觀點加以延伸，他應該是將鮭魚與人類放在相同的地位，認為「鮭魚明明在產完卵後就死了，人類的女人卻一直存活著，成為有害之物」。但法庭的見解卻認為這句話想表達的只是鮭魚跟人類的情況不一樣。

值得一提的是，在控告石原都知事的一三一名婦女中，每個人的經歷皆不盡相同。有的是女權運動家，有的是已停經的婦女，有的是因故摘除子宮的婦女，有的則是母親死於子宮癌的婦女，還有流產三次後放棄生育的婦女。除此之外，更包括一些好不容易把孩子養大了，終於能夠喘口氣的婦女。從這些婦女的不同背景，便可看出這場「老太婆」風波鬧得多麼沸沸揚揚。

二〇一〇年三月，法國電影節於東京的電影院「Toho Cinemas六本木」舉行，英國女星珍．柏金（Jane Birkin）率團來到日本。她在記者會上宣傳自己主演的電影[19]，描寫三名五十多歲女性出遊的故事，其間她亦曾提及石原的「老太婆」發言：

> 人生就算到了四十歲、五十歲，甚至六十歲，都還來得及開始。聽說東京都知事說過「女人不能生孩子就不再是女人」這種話，那並不正確。
>
> （Walker Plus，二〇一〇年三月十八日）

如果珍．柏金得知東京都知事講的並非「不再是女人」，而是

19這部電影指的是二〇一〇年上映的法國喜劇 *Thelma, Louise et Chantal*。

「成為對地球而言最惡質的危害」，想必會嚇得花容失色吧。

事實上對女人停經後的存在價值提出質疑，或追究其社會機能的輿論並不少，只是大多不像「老太婆」發言那樣驚世駭俗而已。這些言論雖然把矛頭指向停經後的婦女，但其實就跟質疑「患有不孕症的人、因身心疾病而失去工作能力的人，或是臥病在床的高齡人士」的存在價值是一樣的意思。

前幾天，我在電視上看見一群高齡人士聚集在一起，慢條斯理地做著體操，背後掛著一枚橫布條寫著「ＰＰＫ」[20]。

如果是高齡人士主動提出ＰＰＫ的理念，希望能夠在臨終前一路好走，不要因為裝設各種急救器材而走得痛苦萬分，那我還能夠接受。但如果是周遭的人以無形壓力脅迫高齡人士「不要長年臥病給他人添麻煩」的ＰＰＫ，本質上就跟希望沒用的老人趕快消失的「棄姥」心態沒什麼兩樣。

古代的日本是否真的有「棄姥」風俗，目前一直未有定論，但就算真的有這麼一回事，那也是發生在必須靠墮胎或殺死小孩來減少糧食損耗的極度窮困時代。如今的日本雖然經濟不景氣，但好歹是個若有人餓死會變成新聞的富足時代，何必讓衰老的高齡人士因為「給別人添了麻煩」而感到過意不去？

上野千鶴子在《一個人的老後》一書中，直接了當地指出「PPK」是一種法西斯思想：

> 發源自長野的這個PPK運動已擴展至全國，據說還有老人會一同跳起PPK體操。
>
> （中略）只要可能對社會造成一點負擔，或是不符合規格的雜質，就要加以排除。這種「人類的品管」思想，正是如假包換的法西斯思想。
>
> 自從出現PPK運動之後，我只要遇到機會，總是大力鼓吹消

20所謂的PPK，是日文「ピンピンコロリ（PINPINKORORI）」的英文縮寫，意思是「活得精神奕奕，死得乾脆俐落」。

滅ＰＰＫ，可惜ＰＰＫ主義者從來不曾從世上消失。

在團塊世代的高齡化最嚴重的時候，恐怕也是「ＰＰＫ法西斯主義」最猖狂的時候。

「歐巴桑」真的都很厚臉皮嗎？

本書一直是站在「歐巴桑都很厚臉皮是一種偏見」的立場，探討這種偏見的形成原因。

例如我認為「『厚臉皮歐巴桑』在電車裡大量出沒的時段，很可能原本就是中高齡婦女的比例較高的時段」（本書第一五四頁），以及「團塊世代中的女性剛好在這個時期達到『歐巴桑的年齡』。不論性別或年代，總是會有一些厚臉皮的人。但是當母體人數增多時，就會讓人產生到處都是厚臉皮歐巴桑的錯覺」（本書第一三二頁）等等。

但是「歐巴桑都很厚臉皮」這樣的觀點如今在社會上早已成了定論，就算我嗤之以鼻地說那只是偏見，大概也不會有人認同。再加上我自己也是他人眼中的典型歐巴桑，更讓我感覺自己的論點少了一些說服力。因此在本書的最後，我想要站在「歐巴桑這個年齡層真的都很厚臉皮」的立場，試著探討產生這種現象的原因。

中島隆信在《歐巴桑經濟學》一書中主張，女人在歷經結婚及生育，成為全職主婦之後，從「女性魅力」中所能得到的好處就會減少，但維持「女性魅力」的成本卻會增加。當她認為「投入的成本已超過維持女性魅力的好處」時，就會「變成歐巴桑」。換句話說，正因為這些歐巴桑已經放棄了「女性魅力」，才會變得厚臉皮、恬不知恥。

為了掌握一般民眾對「歐巴桑」的觀感，我試著在網路上搜尋了一番。結果發現「Yahoo!知識＋」上有人提出了這樣的問題：「常有人說歐巴桑都很厚臉皮，是真的嗎？」

發問者在提問中首先舉了在街上看見厚臉皮歐巴桑的例子，接著說道：「同樣是歐巴桑，其實還是有很多彬彬有禮的人，像我就認識很多『客氣的歐巴桑』。但一般人還是覺得厚臉皮的比較多，我自己也這麼認為，為什麼她們會這麼厚臉皮呢？」

回答的人則大多秉持「並非只有歐巴桑才厚臉皮」、「只是厚臉皮的歐巴桑比較引人注意而已」，以及「因為她們放棄了女性魅力」等理由。獲選為最佳解答的文章則只是把以上這些理由綜合在一起：

應該是因為生活上的各種場合都能觀察到歐巴桑的厚臉皮行為。

畢竟歐巴桑可是無孔不入、神出鬼沒的。

但是厚臉皮絕對不是歐巴桑的專利。

厚臉皮也分很多類型，而且不管是年輕女孩還是中年大叔，厚臉皮的人可說是到處都有。

有些人狂妄自大的程度，會讓你覺得厚臉皮的歐巴桑相較之下實在是可愛多了。也有些人不僅厚臉皮，而且行為充滿了惡意。現在引發輿論撻伐的公務員正是最好的負面例子，像那種人到處都有。

・為什麼她們會這麼厚臉皮？

我認為最大的理由，是這些歐巴桑已經有很長一段時間忘了自己是女人。

習慣了厚臉皮的生活之後，就不會覺得有什麼不對，非但不會感到丟臉，甚至還會產生快感。

當然這世界上高尚的歐巴桑還是很多的……

（Yahoo!知識＋，二〇〇七年十二月二日）

「有很長一段時間忘了自己是女人」的意思，其實就是「放棄了女性魅力」。如此看來，中島主張「歐巴桑就是放棄了女性魅力的女人」，這項見解確實符合一般社會觀感。

但我在第五章提出過這樣的疑問：「在通勤時段的電車裡，那些身穿西裝的男人為了搶座位更是毫不客氣。難道這代表反正男人本來就不具備『女性魅力』，所以厚臉皮的程度跟『放棄了女性魅力』的歐巴桑旗鼓相當？抑或必須原本擁有『女性魅力』卻狠心放棄，才符合『厚臉皮』的定義？」如果沒有辦法為這個疑問提供一個合理的解答，我們就不應該將「放棄女性魅力」當成厚臉皮的理由。

除此之外，有的回答也與中島主張的「歐巴桑大致等於帶過孩子的全職主婦」不謀而合：

・為什麼她們會這麼厚臉皮？

以下是我的主觀看法。

女人往往必須養育孩子，因此在一定期間內與社會脫節的可能性比男人大。

而且有很多女人在生了孩子之後就成了全職主婦。

因此在我的想像中，她們厚臉皮的原因就在於較缺乏社會性，而且生活在容易以自我為中心的環境裡。

「社會性」這個詞彙本身包含很多意思。日本《大辭泉》辭典（增補．新裝版）的解釋是「維持社會生活的素質與能力」。

身為全職主婦的歐巴桑真的缺乏社會性嗎？

中島舉出歐巴桑會做的兩件典型的事，那就是「擠進電車的座位空隙」及「使用男廁所」。但歐巴桑在做出這些行為的時候，當然很清楚接下來可能要處理麻煩的溝通問題。

簡單來說，就是隔壁的乘客可能會抱怨「很擠」，或是在廁所門口可能會遭人提醒「那是男廁」，但歐巴桑有自信能為自己的行為辯白。就「不害怕與陌生人進行麻煩的溝通」這一點來看，我們甚至可以說歐巴桑的社會性是相當高的。

歐巴桑不會「孤立死」

倘若歐巴桑真的擁有高度的社會性，這樣的能力是如何培養出來的？在刻板印象裡，全職主婦似乎會因「育兒」等理由而在一定期間「與社會脫節」。但事實上，她們在這段期間必須建立起公園內的人際關係[21]，不但得參加媽媽社團，而且在孩子進入托兒所、幼稚園時，也必須不斷建構起新的人際關係。

全職主婦的人際關係核心結構，是母親與母親之間的交流，這種交流可不像外人所想的那麼輕鬆。畢竟這些母親只是因孩子年紀相近才會聚在一起，就算互相感覺「合不來」，只要雙方孩子感情好，就必須維持交流。也就是比起自己的好惡感受，更重要的是孩子的人際關係。全職主婦置身在這樣的環境裡，即使面對「合不來」的人也必

21指母親會帶孩子到公園遊玩，因而與其他孩子的母親產生交流。

須妥善溝通，讓自己成為母親人脈網絡中的一分子，社會性自然也會跟著不斷提升。

如果丈夫經常調職，妻子每到一個新的環境，都必須在當地的社區、孩子的幼稚園或學校，以及新的打工職場（如果有兼職的話）重新建立起人際關係。相較之下，丈夫只需要顧及調職後的職場人際關係就行了，妻子磨練社會性的機會反而比丈夫多得多。因此「身為全職主婦的歐巴桑」缺乏社會性的說法事實上並不合理。

大多數日本男人會在同一個職場持續工作到退休，可以說只要搞定職場上的人際關係，其他人際關係基本上可以不予理會（當然，若不想中年離婚，與妻子的人際關係還是要顧的）。

相較之下，妻子可能會因結婚或生育而被迫離職，成為職場上的「備胎」，隨時可能遭到解雇。因此女性光靠「職場的人際關係」是活不下去的。她們必須兼顧學生時代的朋友、街坊鄰居，以及其他母親之間的交流，不斷拓展自己的人脈，才能夠保住一席之地。或許就是在這個過程中訓練出的「堅韌性格」，讓她們在外人眼裡變得如此

「厚臉皮」吧。

而且可以肯定的一點，是歐巴桑的這種溝通能力，或者該說是建構人際關係的能力，在她們進入高齡期後絕對能派上用場。社會學家野邊政雄在論文〈高齡女性的社會人脈網絡與社會支援——家庭類型與年齡別分析〉（《Sociology》，一三〇號）中提出以下見解：

> 男性必須把大部分精力投注在工作上，往往在進入壯年期之前無法擁有建立社會關係的能力，造成高齡男性在退休後無法像高齡女性那樣結交新的密友。（中略）女性受企業束縛的情況不像男性那麼嚴重，因此能夠在壯年期之前習得建立社會關係的能力。就算好朋友過世，高齡女性也能夠再結交新的朋友。

這篇論文是以一九九五年對岡山市高齡女性所做的調查為基礎，但結論似乎可以套用在日本其他地區。不過關於女性學會建立社會關係的理由，我認為並不是因為「女性受企業束縛的情況不像男性那麼嚴重」，而是因為女性的生活無法完全仰賴「職場的人際關係」，往往必須在新的環境重新建構起新的人際關係。

總而言之，高齡女性陷入孤立狀態的風險不像高齡男性那麼高，因此雖然女性比較長壽，但「孤立死」的比例卻比男性低（由於「孤立死」並沒有明確定義，故各項統計的男女比例頗有不同，但共同特徵是女性比例一定比男性低）。

「孤立死」一詞過去在日本被稱為「孤獨死」，但有些人認為一個人獨自死亡不見得一定是壞事，不應該完全站在否定觀點看待這個現象，因此後來才出現了「孤立死」或「獨居死」、「獨自死」這種較不帶負面含意的說法。但不管怎麼稱呼，倘若男性因為自己身為男性的關係，而在非自願的情況下死於孤獨，那就是個應該解決的社會問題。

本書的主題是「女性的年齡」，因此一直將重點放在年齡對「女人的生存困境」的影響上，但在最後一節，我想順帶談一談「男人的生存困境」。

「歐吉桑」的日子也不好過

我在第三章曾經提到，明治時期的日本政府為了推動「富國強兵」而主導性別職責分工的觀念，讓女人專心在家裡生孩子、帶孩子及做家事，不要過度投入學業、工作，甚至是政治。當時的婦女沒辦法讀書、沒辦法工作、沒有參政權，甚至沒有選擇結婚對象的自由。而且由於沒有確實的避孕方法，沒辦法控制要不要懷孕，就算賠上性命也只能一個接著一個生下孩子，人生完全沒有選擇的自由。

但難道男人就活得自由自在嗎？不，事實上並非如此。男人有當兵的義務，在戰爭時期得上戰場打仗。他們必須奉獻自己的生命，以「守護家人」的使命感掩蓋想要回到家人身邊的渴望，那種掙扎與痛苦是外人難以想像的。

爆發第一次中日戰爭的時候，戰死的日軍士兵約有一萬三千五百人，其中約九成死於疾病。這些因霍亂或腳氣病而失去性命的男人，甚至無法說服自己「這是為了守護家人」。日俄戰爭時，士兵死亡人數暴增至第一次中日戰爭的六倍（一說為九倍）。到了太平洋戰爭時，雖然有成千上萬的一般民眾也死於非命，但身為士兵最悲哀的一點，就是他們不但有可能被殺，而且就算再怎麼不願意也必須殺人，當然，這些士兵都是男性。

他們可能帶著殘疾在戰後度過艱困的餘生，甚至可能遭流放至西伯利亞而無法返家，理由只因為他們是「男人」，所以必須當兵（當然也不能忘了有很多女人被迫成為慰安婦，理由只因為她們是「女人」）。

戰爭結束之後，男人雖然不再有當兵的義務，卻必須背負「男人要堅強」的強大壓力。

一旦生為「男人」，就得從小被迫接受「要像個男子漢」、「不能哭」、「不能示弱」這些莫名其妙的觀念。女人不擅長運動只會被說「好可愛」，男人不擅長運動往往會遭到恥笑。在校成績不好，男孩子所受到的雙親責備也往往大於女孩子。女孩子體弱多病有一種

「嬌柔之美」，男孩子體弱多病則只是一項缺點。

在我就讀大學的時候，某次上課途中，突然有個男同學舉手告訴老師「感覺有點貧血，想到保健室休息」。在那之前確實曾有好幾次是女同學對老師提出這樣的請求，但男同學提出要求還是頭一遭。當時我的第一個反應是：「男生也會因為貧血要去保健室？」然而回想國中、國小時，在朝會上突然昏倒的大多不是女生，而是男生。女孩子因為有月經的關係，天生容易貧血，因此從小就被告知「感覺不舒服一定要說出來」，但男孩子往往只能強自忍耐。

出社會工作後，不管男性或女性都必須承受各種壓力，但日本男性的最大壓力來源，恐怕是「被社會認為持續工作是理所當然的事」。直到十年前都還存在於日本社會的「男女別退休制度」，從另一個角度看，正是以「男人必須一直工作下去」為前提。

如今的社會雖然較能容許各式各樣的價值觀，但「男人必須養家」的觀念依然相當強烈，成年男性如果在家打理家務，不會被稱為「家管」或「家庭主夫」，而是會直接被視為「無業」。現在不結婚、不生小孩的女人越來越多，「女人應該乖乖結婚、生小孩」的觀念越來越淡，相較之下，男人承受的社會壓力可能比女人還大。

男人若不能在社會觀感與生活方式之間巧妙取得平衡，就必須為了貫徹生活理念而徹底無視社會觀感。如果這兩點都做不到，只是勉強遷就於社會觀感，精神狀態遲早會出現問題。選擇以自殺的方式結束生命的男人（尤其是中高齡男性）相當多，或許原因就在此。

另外還有一個很可能會導致中高齡男性自殺的原因，那就是更年期障礙所帶來的嚴重憂鬱症。過去有很長一段時間，更年期障礙被視為女性特有的疾病，但近年來因已故的漫畫家原平生前寫下的各種有關更年期障礙的傳記性作品，社會大眾才理解原來男性也有可能罹患更年期障礙。雖然有很多男性根本感覺不到症狀，但因重度憂鬱而自殺的例子也不少。

至於女性則非常清楚自己遲早會面臨更年期及停經，因此就算出現了症狀，也會向朋友求助或是到婦科就診，設法讓自己度過難關，但男性可能甚至不會察覺身體的異常是因為更年期的關係。

以前述的貧血症狀為例，男性大多不習慣表達身體的不適，也不擅於日常生活中的「閒談」，也就是非工作所需的溝通行為。「最近常覺得不太舒服」、「該不會是更年期障礙吧？」男性唯有學習女性跟他人進行類似這樣的對話，才能避免獨自煩惱，並可藉由與他人交換資訊來找出解決辦法。

男人從小被灌輸的觀念，是將吐露身體的不適當成「示弱」的行為，而且從石原都知事的「老太婆」發言亦不難看出，在大眾的觀念裡男人必須「一輩子奮鬥」。正是這樣的觀念，讓男性更年期問題長久以來一直沒有受到注意。男人越想活得「像個男人」，自殺或「孤獨死」的風險就越高。

除了年齡以外，社會上還存在著各式各樣的「男女雙重標準」。所謂的「標準」雖然是相當方便的東西，卻也常常成為生命的枷鎖。但只要能夠抱持著「枷鎖隨時可以卸下」的想法，生命就會變得輕鬆許多。「放棄了女性魅力」的「歐巴桑」正是我們的最佳模範，我們可以從她們身上學到的事情太多了。

「跟她們多學著點，但是別叫她們『歐巴桑』！」這就是我想要提倡的處世之道。

結語

從制度面來看，日本的男女平權已有了相當大的進步。但是在社會上的許多角落，依然存在著各種「男女雙重標準」。尤其是面臨年齡問題的時候，這些現象就會變得特別明顯。

「生育期限」是造成年齡「雙重標準」的最大因素，而且也常常被拿來當做「男優於女」的理由。在日本逐漸蛻變為近代國家的時期，這是為了徹底落實性別職責分工的概念；在二次大戰後關於「男女別退休制度」的訴訟上，這是為了解釋為何女性的職業能力較低落；到了今天，這又成為「阿姨」、「大嬸」、「歐巴桑」，甚至「老太婆」等女性存在價值的爭辯焦點。

女人也是「生物」，具有「生育期限」是無可避免的事情。但人類畢竟不同於其他生物，將人類與其他生物相提並論實在不恰當。

因為「雙重標準」的關係，女人的年齡被賦予了各式各樣的「特殊意義」，其中最典型的代表就是「阿姨」。原本「阿姨」只是單純用來指稱中高齡婦女的詞彙，但因負面的意義遭到濫用，如今才成為一個會讓女人感到彆扭與不悅的稱呼。

這類字眼同時也相當狡猾，因為就算用「大嬸」這個詞來揶揄婦女時遭到譴責，也可以辯稱「她本來就到了可以當嬸嬸的年紀」。想要傷害一個相當在意年齡的婦女，這可說是相當有效的一記，但是世人眼中最典型的「厚臉皮、不在乎給他人添麻煩的歐巴桑」聽到他人稱她「歐巴桑」，卻反而只會當耳邊風。

另一方面，「大叔」因為能一直維持生育能力，所以遭輕蔑的現象不若「大嬸」那麼嚴重。而且在企業裡，也不會只因為是「大叔」就遭強迫離職。但是被要求「像個男子漢」的壓力，以及「男人沒有更年期」的刻板觀念，對「大叔」造成的傷害也不容小覷。

不管是男人還是女人，都有各自的辛酸。或許這也是很多女人在成為「歐巴桑」後感到「人生輕鬆多了」的原因。如果男人也能夠覺得「當上歐吉桑後輕鬆多了」，或許男人的平均壽命也會延長。

話說回來，中高齡女性在整體人口中所佔的比例並不低，但我們的社會目前對她們卻沒有一個合適的稱呼，這是相當不方便的一件事。想要恢復「阿姨」這個詞彙原本的方便性，就不能再濫用。可惜只要無法消除年紀增長對女性造成的負面評價，「大嬸」或「歐巴桑」這類字眼就永遠帶有侮蔑的含意。而且就算另外再創造一個「更適當的稱呼」，也無法受到廣泛接納。

年齡增長意味著肉體的老化及邁向死亡，不論男女都容易產生負面印象，但女性對年齡增長的負面印象要比男性強烈得多。幸好女性自身要屏除這些負面印象並不難，重點就在於不要隱瞞年齡。

人只要活著一天，就不可能抗拒老化。一個會讓人因為年齡增長而感到憂鬱的社會，實在稱不上是一個幸福的社會。

後記

當初我畢業後到企業上班，但不到半年就辭職，上司（男性）憂心我的將來，語重心長地對我說道：「現在妳還年輕，這樣的個性讓妳很有魅力，但是等妳過了三十歲，就只會是個難搞的大嬸。」我聽了這句話之後，雖然對於「難搞」一詞絲毫不以為意，但「只是個大嬸」這樣的形容卻讓我心裡發毛。不過隨著年齡增長，這股恐懼感逐漸淡化，過了四十歲之後，我甚至對「只是個（難搞的？）大嬸」這樣的身分甘之如飴。我想那應該是因為我心中的「女性觀」已經產生變化的緣故（一來我已不排斥當個大嬸，二來我明白立場跟稱呼是兩碼子事）。

接下來我只希望自己能順利從「大嬸」升格為「老婆婆」，可惜就在最近，我看到了一個令我相當擔憂的新聞。某大型超市以「服務高齡人士」為由，在店內設置了「高齡人士專用收銀檯」。店家表面上聲稱這可以讓高齡人士「慢慢結帳、不用緊張」，但骨子裡其實是想讓其他等得不耐煩的客人能夠早點結完帳。一旦有了專用收銀檯，高齡人士如果跑到別的收銀檯排隊，很可能會遭其他客人白眼。這意味著就算專用收銀檯前排了很長的隊伍，高齡人士也沒有辦法選擇其他收銀檯，這怎麼能算是「服務高齡人士」？

隨著年紀變大，動作會變慢，這是很自然的現象，每個人都必須經歷這個過程。如今的社會風氣卻是一方面排除高齡及身障人士、追求合理化的速度及效率，又口口聲聲稱之為「服務」，一方面又以有用和沒用來判定人的存在價值，實在令人心寒。

本書試著從「阿姨」、「大嬸」、「歐巴桑」這些字眼揪出這股社會風氣，無非希望眼前是個讓年長者能夠安心生活的社會。

最後我想感謝負責本書編輯作業的金井田亞希小姐，曾經擔任過女性雜誌編輯的她給了我許多寶貴的建議。除此之外，我更由衷感謝閱讀本書的各位。

二〇一一年五月　田中光

引用・參考文獻

序言

・蘆筍俱樂部會員問卷調查「女性年齡層意識相關調查」（有效問卷四四二一份），《朝日新聞》，二〇〇七年十一月二十日。

第一章

・〈為什麼只隱瞞女性的年齡？〉，《朝日新聞》專欄「聲」，二〇〇六年十一月十五日。
・渡邊友左，《從諺語看性別歧視——男人與女人的諺語事典》，南雲堂，一九九五年。
・內館牧子，《年紀的騷擾》，幻冬社，二〇〇八年。
・〈獨家告白　井川遙　被喚做療癒系女王的疑惑——IGAWA現象、OL時代及年齡〉，《現代》，二〇〇一年十月號。
・〈岡本夏生在首部裸體寫真集上公開真實年齡的理由〉，《週刊文春》，二〇〇二年八月二十九日號。
・〈少報五歲的年齡詐欺　夏川純　二十三歲的骨子裡是二十八歲〉，《東京體育》，二〇〇七年二月二十七日。
・〈江戶晴美其實已經四十三歲〉，《東京體育》，二〇〇八年三月十三日。
・〈不畏年紀的搞笑原點　靠「Guu～」大紅大紫　江戶晴美〉，《朝日新聞》專欄「be evening」，二〇〇八年五月九日。
・朵拉・托賽，〈年齡無關緊要！〉，《朝日新聞》專欄「Dora的野貓Bonjour!」，二〇〇七年十一月二十九日。
・〈六十九歲已婚女子　涉嫌騙婚〉，《朝日新聞》，二〇〇八年六月四日。
・〈偽裝單身的詐欺　七十歲女性遭判刑三年十個月〉，《讀賣新聞》，二〇〇八年八月三十日。
・〈何謂謊報年齡〉，婚活.net（http://www.konnkatsu.net/）。
・湯澤雍彥、宮本道子，《新版　從數據看家庭問題》，日本放送出版協會，二〇〇八年。（二戰前平均初婚年齡的男女差距）
・厚生勞働省，〈平成二十一年　人口動態統計月報年計（概數）的概況〉，二〇一〇年六月二日公布。（平均初婚年齡的年度變化）
・遙洋子〈女人的年齡有什麼好大驚小怪〉，《上班女郎總是四面楚歌》，朝日新聞社（朝日文庫），二〇〇四年。
・遙洋子，〈女人的年齡，男人的年所得〉，《上班女郎總是四面楚歌》，朝日新聞社（朝日文庫），二〇〇四年。

・遙洋子，〈年齡的反應〉，《上班女郎總是四面楚歌》，朝日新聞社（朝日文庫），二〇〇四年。
・遙洋子，〈「共享價值觀」只是幻想　在意女人年齡的人無法「矯正」〉，「遙的concierge『男人的煩惱　女人的嘆息』」，二〇一〇年五月二十八日，日經Business Online（http://business.nikkeibp.co.jp/）。

第二章

・〈山本文郎　我被小三十歲的美女深愛的理由〉，《週刊現代》，二〇〇八年二月二日號。
・〈夫婦對談　三百封情書　年齡差二十四歲　在老師身上看見理想的妻子形象〉，《婦人公論》，二〇〇七年七月七日號。
・上野千鶴子，《一個人的老後》，法研，二〇〇七年。（中文版由時報出版）
・立岩真也，《ALS——不會動的身體與會呼吸的機器》，醫學書院，二〇〇四年。
・厚生勞働省，「平成二十一年度　防止虐待高齡者，以對高齡者的照顧者支援等相關法律為基礎之對應狀況等相關調查結果」，二〇一〇年十一月二十二日公布。

・〈高齡者虐待　一萬五千件〉，《朝日新聞》，二〇一〇年十一月二十三日。
・坂口小百合，〈愛與被愛的快樂生活　小柳留美子大談不放棄當個女人的人生〉，《AERA》，二〇〇七年十月一日號。
・後山尚久編，《為了理解彼此的身心變化　女人與男人的更年期Q&A》，Minerva書房，二〇〇五年。（女性的平均停經年齡）
・厚生勞働省，「關於平成二十一年簡易生命表的概況」，二〇一〇年七月二十六日公布。（現代女性平均壽命）
・矢野恒太紀念會編，《從數字看日本的一百年　改訂第三版》，國勢社，一九九一年。（明治時代女性平均壽命）
・《MORE》編輯部編，《二十七歲女人不為人知的數學　一千人的「素」值》，集英社，二〇〇八年。
・小谷野敦，〈「不受歡迎的男人」的私人戀愛史　是我對女人的期望太高了嗎？〉，《婦人公論》，二〇〇七年七月七日號。
・〈「十七歲的女兒」、「心理創傷」，前妻描述印度代孕的父親真相〉，《週刊文春》，二〇〇八年八月二十八日號。（包含根津八紘醫師的評論）
・大野和基，《代理孕母　生育產業與生命的尊嚴》，集英社，二〇〇九年。
・野田聖子，《感謝出生的生命》，新潮社，二〇一一年。

・野田聖子，《我想生孩子》，新潮社，二〇〇四年。（包含自民黨大老議員的發言）
・河合蘭，《未孕——無法決定「生不生」》，日本放送出版協會，二〇〇六年。（包含畑山博醫師的評論及鮫島浩二醫師的感言）
・〈新婚・原千晶子宮全部切除……含淚泣訴〉，《日刊體育》（網路版），二〇一〇年十一月十五日。

第三章

・〈山本文郎　我被小三十歲的美女深愛的理由〉，《週刊現代》，二〇〇八年二月二日號。
・〈石原慎太郎都知事的怒吼！〉，《週刊女性》，二〇〇一年十一月六日號。
・石原慎太郎，《從東京的窗戶看日本（二）》，文春Nesco，二〇〇二年。
・〈「老婆婆」的誕生　對談・長谷川真理子與松井孝典〉，《中央公論》，二〇〇一年五月號。
・〈「老太婆發言」是誤用吧？〉，《朝日新聞》專欄「記者席」，二〇〇七年二月二十日。
・〈男女如何不同〉，《婦人衛生雜誌》，二〇五號，一九〇六年十二月。

・荻野美穗，《文化性別化的身體》，勁草書房，二〇〇二年。
・龜山美知子，〈關於私立大日本婦人衛生會與《婦人衛生雜誌》〉，《婦人衛生雜誌 別卷》，大空社，一九九二年。
・「離婚暨財產分配請求案」（判例ID 27450205），綜合判例資料庫「判例體系」（http://www.d1-law.com/）。
・大塚光，《阿姨論——為阿姨爭權》，筑摩書房，二〇〇六年。
・三砂千鶴，《小姐變成老姑婆?!》（一刷），光文社，二〇〇四年。〔中文版由麥田出版〕
・濱野卓也著，箕田源二郎繪，《山姥姥阿雪》，國土社，一九七七年。
・厚生勞働省，「本年度中達百歲的高齡者（表彰對象）為二三二六九人」，二〇一〇年九月十四日公布。

第四章

・岡本英雄、大槻奈巳，〈平成十三、十四年度公募研究成果報告書「女性年齡歧視相關研究」〉，福島縣男女共生中心「女人與男人的未來館」，二〇〇三年。
・〈如果能知道年齡限制〉，《朝日新聞》專欄「職場的真心話」，二〇〇七年十二月七日。

・〈面試時被說「看起來很老」〉，《朝日新聞》專欄「職場的真心話」，二〇一一年一月十一日。

・〈最高法院判例解說〉，《法曹時報》三十六卷八號，一九八四年。

・松本光壽，〈教職員男女歧視退休獎勵年齡基準的違法性——鳥取縣教委案．鳥取地院判決〉，《勞働法律旬報》，一一六六號，一九八七年。

・〈勞働判例　對女性教職員的歧視性退休獎勵與不適用優退措施為違法，下令縣教委賠償損失判例〉，《勞働法律旬報》一一六六號，一九八七年。

・疋田京子，〈退休獎勵的男女別年齡基準之合理性——以鳥屋町職員案為契機〉，《商經論叢》（鹿兒島縣立短期大學），五十二號，二〇〇二年。

・〈規定男女歧視退休年齡之就業規範欠缺合理性且違背《民法》第九十條，判決解雇無效判例——伊豆仙人掌公園案　東京高院〉，《勞働判例》二一九號，一九七五年。

・〈伊豆仙人掌公園案（案件編號　昭和48（ネ）2679）〉，法院網站　判例資訊（判例搜尋系統http://www.courts.go.jp/）。

・〈櫃檯小姐只看年紀？〉，《朝日新聞》專欄「職場的真心話」，二〇〇七年八月三日。

・〈年齡限制是必要的嗎？〉，《朝日新聞》專欄「職場的真心話」，二〇〇七年八月三十一日。

・〈慢慢下手的調職〉，《朝日新聞》專欄「職場的真心話」，二〇〇九年十一月十日。

・中島隆信，《歐巴桑經濟學》，東洋經濟新報社，二〇〇七年。（中文版為商周出版）

・〈團塊女性因工作而閃耀　「花甲婦女」受歡迎的理由〉，《朝日新聞》專欄「be report」，二〇〇九年一月十日。

・〈受傷的「阿嬤」〉，《朝日新聞》專欄「短暫時光」，二〇〇九年二月三日。

・〈男子六十二歲、女子五十七歲的歧視退休年齡制度無合理理由，因違反公序良俗而判決無效的判例——放射線影響研究所案〉，《勞働判例》四二五號，一九八四年。

・〈唐津紅十字醫院案（案件編號　昭和45（ウ）19）〉，法院網站　判例資訊（判例搜尋系統http://www.courts.go.jp/）。

・〈以男子五十五歲、女子五十歲為退休年齡之就業規範，乃以企業經營內容及女子從業員職種等為依據判斷具有合理根據的判例〉，《判例時報》，六四四號，一九七一年十一月十一日號。

・〈現代「女巫審判」〉，《婦人民主新聞》，一九七六年十一月五日。

・田中光，《月經與犯罪——女性犯罪論真偽考察》，批評社，二〇〇六年。

・〈日產汽車案（案件編號　昭和54（オ）750）〉，法院網站　判例資訊（判例搜尋系統http://www.courts.go.jp/）。
・厚生勞働省，「平成二十一年度雇用均等基本調查」，二〇一〇年七月十六日公布。（女性主管比例）
・〈女性活用小國的病歷表（三）　從頂點改變企業〉，《朝日新聞》，二〇〇九年十一月二十六日。（女性董事的比例）

第五章

・深澤真紀，〈「中年女性」與「阿姨」。更年期會讓女人不再是女人？〉，日經Business Online「深澤真紀的平成女子圖鑑」，二〇〇九年五月八日（http://business.nikkeibp.co.jp/）。
・內館牧子，《年紀的騷擾》，幻冬社，二〇〇八年。
・中島隆信，〈歐巴桑經濟學——放棄了「女性魅力」後的人類行為學〉，經濟俱樂部編，《經濟俱樂部演講錄》七〇一，東洋經濟新報社，二〇〇七年七月。
・中島隆信，《歐巴桑經濟學》，東洋經濟新報社，二〇〇七年。（中文版為商周出版）
・遠藤織枝編，《女性稱呼大研究——從辣妹到歐巴桑》，三省堂，一九九二年。

・《現代社會福祉辭典》，有斐閣，二〇〇三年。
・好井裕明，《歧視原論——與「我」內部的權力相處》，平凡社，二〇〇七年。
・〈稱呼能看出一個人的品格〉，《朝日新聞》專欄「聲」，二〇〇八年十二月四日。
・〈無法找到正確答案的女性稱呼〉，《朝日新聞》專欄「聲」，二〇〇八年十二月十六日。
・〈三十歲之後算大嬸？新成人意識調查〉，《共同通信》，二〇〇四年一月七日發布。（二〇〇三年十一月，由精工企業針對於二〇〇四年成為成人的男女各二五八人所實施的網路問卷調查）
・深澤真紀，〈「普通中年女性」的生存之道〉，日經Business Online「不損及自身的人際關係維護術」，二〇〇八年九月十八日（http://business.nikkeibp.co.jp/）。
・佐佐木瑞枝，《女人與男人的日本語辭典　上冊》，東京堂出版，二〇〇〇年。
・〈被讓座了　中高齡婦女的貼心舉動〉，《朝日新聞》專欄「聲」，二〇〇七年十二月一日。
・〈被讓座了　對孕婦好貼心的二十多歲女性〉，《朝日新聞》專欄「聲」，二〇〇七年十二月一日。
・〈「歐吉桑、歐巴桑」的分界線〉，Mainichi INTERACTIVE，編輯部通訊，二〇〇一年九月十一日（http://www.mainichi.co.jp/）。
・〈看護工作中的2K根本沒什麼〉，《朝日新聞》專欄「聲」，二〇〇八年十月三日。
・〈排泄與尊嚴（二） 很髒？ 真是好大便〉，《朝日新聞》專欄「日本人脈記」，二〇〇九年十月二十七日。
・〈開發的故事 歐巴桑軍團立大功——輕量角型Li離子電池的開發（最終回）〉，《日經Electronics》，七三五號，一九九九年一月二十五日號。
・樋田敦子，〈一切都從時薪六二〇圓的打工開始〉，《婦人公論》，二〇一〇年六月二十二日號。
・〈超強販賣員 三浦由紀江女士 無關經歷及年齡!! 四十四歲開始打工，如今是七十名員工的主管〉，hi-carat online「人生的高手」，二〇〇九年八月二十一日（http://www.hi-carat.co.jp/）。

第六章

・內館牧子，《年紀的騷擾》，幻冬社，二〇〇八年。
・北村節子，〈什麼是「團塊阿姨」——思考高齡女性大量出現的徵兆〉，

《讀賣調研quarterly》，二〇〇六年春季號。

・對石原都知事的「老太婆」發言感到憤怒並要求道歉會編，《一三一個女人的告發——從石原都知事的「老太婆」發言訴訟中觀察到的現象》，明石書店，二〇〇五年。

・平成十三年東京都議會會議錄第十六號。

・對石原都知事的「老太婆」發言感到憤怒並要求道歉會網站。

・〈珍・柏金向石原都知事提出抗議！〉，Walker Plus，二〇一〇年三月十八日（http://news.walkerplus.com/）。

・上野千鶴子，《一個人的老後》，法研，二〇〇七年。〔中文版為時報出版〕

・〈常有人說歐巴桑都很厚臉皮，是真的嗎？〉，「Yahoo! 知識＋」，二〇〇七年十二月二日（http://detail.chiebukuro.yahoo.co.jp/）。

・野邊政雄，〈高齡女性的社會人脈網絡與社會支援——家庭類型與年齡別分析〉，《Sociology》，一三〇號，一九九七年十月。

人文

年齡騷擾

「阿姨」、「大嬸」、「歐巴桑」為什麼被討厭？

「オバサン」はなぜ嫌われるか

作　　者：田中光
譯　　者：李彥樺
發 行 人：王春申
總 編 輯：李進文
編輯指導：林明昌
責任編輯：林蔚儒
美術設計：謝捲子
內頁排版：鄭佳容

業務經理：陳英哲
業務組長：高玉龍
行銷企劃：魏宏量
出版發行：臺灣商務印書館股份有限公司
23141 新北市新店區民權路 108-3 號 5 樓（同門市地址）
電　　話：(02)8667-3712 傳　　真：(02)8667-3709
讀者服務專線：0800056196
郵　　撥：0000165-1
E-mail：ecptw@cptw.com.tw
網路書店網址：www.cptw.com.tw
Facebook：facebook.com.tw/ecptw

年齡騷擾：「阿姨」、「大嬸」、「歐巴桑」為什麼被討厭？ / 田中光作；李彥樺譯. -- 初版. -- 新北市：臺灣商務, 2019.04
面；　公分. -- (人文)
ISBN 978-957-05-3196-1(平裝)

1. 女性　2. 年齡歧視　3. 日本

544.5931　　108002172

局版北市業字第 993 號
初版一刷：2019 年 4 月
印刷：沈氏藝術印刷股份有限公司
定　價：新臺幣 320 元
法律顧問：何一芃律師事務所